KB148032

주가는 등락해도
확실하게 버는 주식매도방법

코페하우스

KABU DE MOUKETSUZUKERU "URIKATA" 220 NO TESSOKU
© TAKESHI WAKAI 2003
Originally published in Japan in 2003 by KANKI PUBLISHING INC.,
Korean translation rights arranged through TOHAN CORPORATION, TOKYO and
SHIN WON AGENCY CO., Seoul

이 책의 한국어판 저작권은
일본 칸키출판사와 독점계약으로 한국재정경제연구소가 보유하고 있습니다.

머리말

주식투자에서 이익 매도 방법만 알아두면 반드시 성공한다.

오늘날과 같은 디플레이션과 저금리 시대에는 보통의 비즈니스보다 오히려 주식투자가 성공하기 쉽다. 그것은 장사해도 물건은 좀처럼 팔리지 않고, 예금이나 투자에 자금을 돌려도 약간의 이익밖에 얻을 수 없기 때문이다.

그에 비해 주식투자는 유리한 투자 시점을 찾는 것이 중요하지만, 자금만 있다면 누구나 바로 매매할 수 있고, 그 나름대로 이익도 기대할 수 있기 때문이다. 주가의 변동은 월 20%, 30% 정도의 오르내림은 흔한 것으로 그것을 이용하면 된다.

그러나 저금리 시대에 큰돈을 벌려고 한다면, 지극히 어려운 비즈니스가 된다. 세상에 돈 버는 것이 어렵기 때문이다. 큰돈을 벌려고 생각하여 매수만 하면 자기의 소중한 재산이 불량 자산으로 점점 커질 뿐이다.

모두가 수익이 없어 고민하는 시대에 주식투자만이 고수익을 바라는 것은 큰 잘못으로 주식투자 실패의 원인이 된다. 장사도 주식투자도 같이 조금씩 적당한 이익을 늘려가는 것으로 충분하다. 시대는 이미 변해가고 있다. 아직도 거품경제 시대가 다시 올 것으로 생각하여 큰돈을 버는 것을 꿈꾸는 것은 시대착오적인 사람이 될 뿐이다. 시대에 적응하지 못하는 사람은 서서히 망해갈 뿐이다.

요즘 같은 저금리 시대는 100만 원의 채권이 1년간의 금리가 겨우 19,000원밖에 되지 않는다. 그것은 예를 들어 100만 원의 자금으로 1만 원의 주식을 100주를 사서 1개월 정도의 기간에 11,300원 정도에 팔면 10만 원 정도의 이익 발생한다. 주식투자의 승부에서 10% 정도의 이익을 내면 훌륭한 것이다. 그러므로 종목별로 큰 이익을 바라지도 노리지도 말고 10% 정도 소폭의 이익을 내는 매매를 몇 번이고 반복한다면 그것이 모여서 큰 돈이 된다.

경륜이나 경마는 수십 가지의 조합에서 하나를 선택한다. 주식거래는 종목을 사야 할지 팔아야 할지 둘 중의 하나만 생각하기 때문에 안이하게 거래한다. 그래서 실제로 손해를 보게 되어 결과적으로 주식으로 이익을 보는 것은 대단히 어려운 것으로 생각한다. 그것은 주식거래를 오해하고 있기에 어렵게 거래하는 것이다. 거래에 맞는 사고방식을 갖고 투자하면 거래가 쉬워지고 이익을 내기가 쉬워진다.

지금까지 주식투자의 실적이 나빠 수익을 내지 못하고 있다면 사고방식을 바꾸는 것이 좋다. 바꾸지 않고 자신을 스스로 변화시키지 않으면 정부가 나쁘니 제도가 나쁘니 하는 남에 탓만 하는 주식투자 실패자가 된다. 자기의 주식투자 사고방식을 바꿀 수만 있다면 지금까지의 주식투자보다 많은 이익을 볼 수 있다.

그러나 그것은 결코 미래의 시황을 읽는 능력을 공부하는 것이 아니다.

주식투자에서 첫 번째 잘못된 생각은 「주식은 오르는 것이다.」 라고 하는 생각으로 매매하는 것이다. 대부분 투자자는 여전히 그런 생각에서 빠져나오지 못하고 있다. 그런 것이 아니라 어느 시대에서도 주식은 오르락내리락하는 것이다. 사는 것만 생각하고 파는 것을 생각하지 않는 투자자가 손해를 보는 것은 당연한 일이다. 문제는 사는 것은 좋으나 주가가 하락하여 팔면 손해를 보는 경우를 어떻게 하는가이다. 그 해결 방법을 설명한 것이 이 책이다.

고가의 주식을 계속 가지고 있어도 시간은 장난처럼 흘러갈 뿐 어떻게도 되지는 않는다. 당연히 자기의 인생도 허무하게 흘러갈 뿐이다. 어린아이들이 아버지의 선물을 기다리는 것처럼 단지 오르기만을 기다리고 있어도 안 된다. 어른은 스스로 움직이고 일한다. 주식은 팔지 않으면 이익이 생기지 않는다는 것은 누구나 알고 있다. 그러나 현실에서는 하룻밤 지나면 없어져 버리는 것에 울고 웃는 경우가 얼마나 많은가? 매수하는 방법만을 생각하고 매도에는 무관심하기에 손해를 보는 것이다.

성공하는 매도전략이 필요하다.

주식은 팔아야 이익이 생긴다. 최고가로 팔고자 하기에 팔 수 없게 되는 것이다. 「오르면 판다.」 이것으로 충분하다. 주식투자에서 개인은 95%가 손실 계좌라고 한다. 왜 그렇게 될까? 그 의문을 모두 밝혀서 프로처럼 이익을 낼 수 있는 투자자가 되어야 한다. 주가의 오르내림에 관계없이 언제나 벌 수 있는 항상 성공하는 전략의 기본을 제공하는 것이 이 책의 목적이다.

〈저자〉 와카이 타케시

1장

주식투자의 성패는 매도로 결정된다.

원칙

2장

성공하는 매매전략과 주식 매도 방법

원칙

3장

실패주를 살리는 연계매매

원칙

4장

연계매매를 알아야 성공한다.

원칙

5장

주식투자는 심리와 전술이다.

원칙

주가는 등락해도 확실하게 버는 주식매도방법

1장

주식투자의
성패는 매도로 결정된다.

원칙

❶ 매수보다 매도가 더 어렵다.

❷ 매도가 가능하면 성공투자자이다.

❸ 원금의 두 배가 될 때까지는 수양하는 기간이다.

❹ 자금을 사용하는 방법이 성패를 가른다.

❺ 매수만으로 성공할 수 없다.

매수보다 매도가 더 어렵다.

매도를 할 수 없으면 실패주가 된다.

주식투자를 할 때 시간이 지나면서 주식을 사는 것보다 파는 것이 훨씬 어렵다는 것을 알게 된다. 그것은 누구에게나 같은 것이다.

주식투자에서의 성공의 비결은 「빨리 파는 것」이라고도 한다. 팔까 말까 우물쭈물하는 사이 주가는 하락하여 후회하게 된다. 남보다 빠르다고 하는 것이 안전으로 연결된다. 그러나 빨리 팔고 나면 대부분은 그 후 잠깐 계속해서 오른다. 때에 따라서는 그때부터 본격적으로 대폭 상승하는 때도 있다. 그것을 보면서 「손해 보았다, 운이 없었다, 이젠 올라도 팔지 않는다」라는 것을 생각하게 된다.

이렇게 해서 투자자 대부분은 다음부터는 매도할 수 없게 되어, 실제로는 그것이 실패의 단서가 된다. 가능한 한 크게 벌고 싶다고 생각하여 무슨 일이 있어도 최고가에 팔기를 노리기 때문에 이익을 내는 매도타이밍을 잡을 수 없게 되는 것이다. 그것이 앞으로 주식투자를 하는데 이익을 얻을 수 없는 최대의 원인이 된다.

매도하는 것이 좋았다고 깨닫는 순간 이미 주가가 하락하여 매수가의 회복이 당분간 불가능해진 경우가 많다.

재워두기나 손절매는 실패로 이어진다.

보유 종목이 갑자기 하락하여 「앗! 이런?」하고 생각하는 그 때는 이미 때를 놓친 것이다. 거기에서 당황한 사람은 불안을 느끼고 최저가에도 팔아버리는 「손절매 주식」이 된다. 손절매라고 하는 수술을 하면 피는 나도 건강한 몸으로는 되돌아갈 수 있으나 손절매할 때마다 체력은 저하된다.

손해가 싫어 주가의 오르내림에 웃고 울면서도 장기간의 「재워두기 주식」이 되어 귀중한 자산이 가동되지 않고 재고가 되어 버린다. 「재워두기 주식」이라는 하는 악성종양을 껴안고 그 후 몇 년이나 되는 투병 생활에 들어가 손절매라는 결말로 큰 손해를 보아 생명의 위기를 맞이한다. 적어도 이길 수 있는 승부는 되지 않는다.

큰「손절매」와「재워두기」는 주식투자의 2대 실패 사례이다.

최고가는 프로가 선수치고 먼저 매도한다.

주식은 저가 사서 고가에 파는 것이 이상적이다. 적어도 저가권에서 사서 고가권에서 팔아야 한다. 그러나 실제로는 저가나 고가를 끝까지 확인하는 것은 지극히 어렵다.

저가권에서는 계속 내려간다고 하는 분위기가 조성되고 거기에 유혹되어서 결국에는 최저가에 매도하게 된다. 또 주가 상승이 계속되는 고가권에서는 그때까지의 불안이 깨끗이 없어지고 더욱더 오른다고 하는 분위기가 조성되어 자기의 기대도 부풀어져 결국에는 고가에 팔지 못하게 된다.

원칙❶ 매수보다 매도가 더 어렵다.

그러나 프로는 오르면 팔고 내려가면 산다고 하는 자세이다. 그러므로 기회는 프로에게 먼저 주어진다. 그것은 순식간이다. 그래서 개인투자자가 기대하는 만큼은 오르지 않고 하락해 버린다.

즉, 최고가는 산꼭대기처럼 오르기가 힘들고 좁아 많은 사람이 거기까지 가기가 힘들게 되어 있다. 그런데 대부분 개인투자자는 최고가라는 산꼭대기에서 매도를 생각하고 기다리다 매도 기회를 놓치게 된다. 또한, 주가가 하락하기 시작해도 최고가가 머릿속에서 맴돌기 때문에 더욱더 매도하지 않는다.

매도 시기를 놓치면 저가에 매도하게 된다.

최고가 매도를 놓쳐 망설이는 사이에 주가는 하락한다.

다시 상승하여 최고가를 돌파할 것으로 생각하거나, 지금 매도해도 이익이지만 매수한 지 얼마 안 되어 좀 더 상황을 지켜보자고 하는 사이에 주가는 하락한다. 매도 시기를 놓쳤다고 하는 심리적인 압박감과 가격하락에 불안을 느끼지만, 방법이 없어 그냥 보고만 있는 것이다.

대부분 투자자는 보유자금 전부를 투자하고 있다. 그러므로 주가가 최저가 근처에 와도 매수할 자금이 없어 반등하는 상승세를 탈 수 없다고 하는 두려움으로 심리적으로 쫓기게 된다.

주가가 하락할 때로 하락한 때에 투자자는 심리적으로 최악의 상태가 되어서 처음으로 매도할 생각이 든다. 매수하기에는 절호의 기회에서, 심리적으로 불안에 떠밀려서 최후의 바닥시세에서 매도하는 경우가 발생한다.

원칙❶ 매수보다 매도가 더 어렵다.

매도가 가능하면 성공투자자이다.

누구나 매수만을 생각하고 있다.

주식투자에서 세간에는 매수 종목의 정보나 선택 방법이 중시되고 있다. 신문이나 잡지도 유망종목의 기사뿐으로 「이제부터 하락할 것이므로 팔아라.」 라고 하는 기사는 거의 없다. 증권가도 매수 종목을 추천하지만, 매도 시기를 가르치거나 매도를 권하는 일은 거의 없다.

그리고 개인투자자도 주식을 사거나 종목을 선택하는 것에만 노력을 기울인다. 살 때까지는 열심히 생각하나 손에 들어오면 안심해 버려 그 후 언제 팔 것인가 하는 일은 거의 생각하지 않는다. 즉, 주식거래에서 사람 대부분은 표면상으로는 사는 것만 생각하고 있다.

「매수」는 집중하여 매수하고 「매도」는 분산하여 거래하다가 주가의 급격한 움직임에 농락되는 경우가 많다. 그러나 그 반대로 매수는 분산하여 저가로 매수하는 조건만 만족하게 하면 그다음은 종목의 선택 등도 적당히 되는 대로 한다고 해도 오히려 좋을 것이다.

주식시세는 오르기만 하는 일은 절대로 없으며, 오른 폭 이상으로 내리는 것도 흔한 일이다. 그러한 주식시세를 상대로 매도시기를 생각하지 않고 단지 매수만 생각하는 투자자는 진퇴를 모르는 막무가내 투자자이다.

어린양은 늑대의 먹이가 된다.

주식거래는 개인과 프로(professional)가 같은 씨름판에서 싸우는 것이다. 어린양과 늑대의 싸움과 같은 것으로 어린양은 늑대의 먹이가 된다. 즉, 개인의 자금이 프로에게 빼앗기게 되는 것은 불을 보듯 뻔해서, 그러한 싸움에서 이기려면 개인도 늑대가 되어야 한다.

원칙❷ 매도가 가능하면 성공투자자이다.

프로가 되어야 한다.

가능한 단기에 오르는 주식을 매수하여 크게 벌고 싶은 것이 본심인데도 겉으로는 차분하게 우량주에 장기간 투자하고자 한다면, 어중간한 매매 태도가 되어 매매에서 실패하게 된다.

투기와 투자는 지향하는 목표가 다르고, 매매하는 방식이 전혀 다르다. 투기란 종목별로 주가 하락에 대한 위험을 방어하면서 투자자금 전체를 늘려간다. 그에 반해서 투자는 종목별로 따로따로 손익을 계산하고 모든 것을 시간에 맡겨서 위험 정도가 높고 위험을 방어할 방법도 부족하다. 그러므로 투기가 싫고 시간에 맡기는 느긋한 투자를 하고 싶다고 하면은 오히려 주식투자보다는 채권투자를 하는 편이 낫다. 그렇지 않으면 때로는 크게 벌어도 재워두기가 쌓여서 결국에는 원금감소라고 하는 결과가 된다.

승부처는 매수가 아니라 매도이다.

증권회사 사람은 투자자에게 최대한 주식을 사게 하고 나중에는 모른 척하기 때문에 매도 시기는 스스로 생각하고 결단을 내려야 한다. 그러나 정말로 좋은 매도 시기는 좀처럼 알기 어렵고 결단하기가 어려운 작업이다.

그러므로 이상적인 「매도」는 거의 못 하고 실패가 많아지고 점점 매매가 서툴러져 간다. 그리고 결국 귀찮아져서 매매를 하루하루 연기하게 된다. 그러나 주식은 앞일을 모르기에 이상적인 매매를 할 수 없기에 실패하는 사람도 많으며 반대로 이익을 낼 수도 있다. 또 예금이나 채권 이상의 이익이 나오는 만큼 거기에 상당하는 위험도 있다.

주식투자에서 성공과 실패의 열쇠를 가진 것은 매도이다. 매도를 잘할 수 있는 투자자만이 성공투자자가 될 수 있다. 손해 없이 위험으로부터 빠져나가 주식투자원금을 전체적으로 늘려가는 매매를 해야 한다. 주식거래는 위험에서 얼마나 잘 빠져나오는지가 승패의 결정적 수단이 된다.

오르면 무조건 매도한다.

보유주식의 주가가 오른다고 순진하게 기뻐하고 있으면 될까? 주가가 오르면 오른 만큼 기뻐하는 것은 파는 것을 모르는 개인

원칙❷ 매도가 가능하면 성공투자자이다.

투자자의 방식이다. 진지하게 돈벌이를 생각하는 투기자라면 올랐을 때는 기뻐하기보다 재빨리 매도하여 이익금을 통장에 넣고 나서 기뻐해야 한다.

더 오를 것 같아서 아직 팔고 싶지 않다고 생각하는 예도 많지만, 그때 팔아 두지 않으면 막상 자신이 팔고 싶어졌을 때는 좋은 값에서는 잘 팔리지 않고 다시 주가 파동의 계곡을 건너야 한다. 최고가는 누구도 모르는 것이기 때문에 망설이지 말고 오르면 매도한다. 그 대신 내려가면 팔지 않는다. 이것이 주식투자로 돈을 버는 절대조건이다.

「현금화하지 않은 주식의 이익은 이익이 아니다.」

주가차트를 분석하여 투자해 보기도 하고, 상승 종목을 찾는 여러 투자법칙을 찾아 투자해도 되지 않는다. 주가는 끊임없이 조금씩 움직이면서 오르거나 내려가거나 지그재그의 움직임을 되풀이하여 오를지 내릴지 정말로 알기 어렵다. 주식거래로 이익을 취하는 것은 그 이해하기 어려운 오르내림의 움직임을 파악하여 오르면 팔고 내리면 산다는 매매를 반복해 가는 것이다. 주가차트는 주가의 움직임을 파악하여 그 기복에 맞도록 매매하려고 사용하는 것이다.

매도는 안전하게 이익을 내는 것이다.

주식투자에서 매도하는 목적은 2가지이다. 첫 번째는 투자한 자금을 안전하게 건지는 것이다. 그리고 두 번째는 이익을 내는 것이다. 이식매매 할 기회를 놓쳐서 이익을 내는 데 실패했다고 생각하면, 첫 번째 목적의 자금을 상처 없이 건지는 것에 전념한다. 원금 회수의 전략적 의미는 상상 이상으로 크다. 매수할 기회를 놓쳐도 손해는 보지 않지만, 매도할 기회를 놓치는 것은 더 큰 손해의 원인이 된다.

인생에서 재산으로는 유용한 것은 물론이고 주식투자에서 투자 전력으로 중요한 것은 무엇보다도 현금이다. 전쟁에서도 전력의 유지는 이기는 것보다도 큰 과제이다. 주식매매로 얼마나 벌었는가보다 원금을 무사하게 회수하는 것이 훨씬 중요한 것이다.

원칙❷ 매도가 가능하면 성공투자자이다.

원금의 두 배가 될 때까지는 수양하는 기간이다.

성공하는 자와 실패하는 자, 그리고 수양하는 자

주식매매가 순조롭게 이루어져 다행히 이익이 원금 이상이 되어 투자원금의 배가되는 시기가 오면 「성공투자자」가 되었다고 할 수 있다. 그 이후는 자유롭게 이익만큼의 범위에서 승부를 보거나 자기의 생각대로 모험을 건 투자를 할 수 있게 된다. 따라서 성공투자자는 이 책을 읽을 필요가 없다.

그러나 대부분 개인투자자는 아무리 경험이 오래되어도 수양하는 단계이다. 수양단계에서는 안전하고 확실한 투자로 이익을

1장 주식투자의 성패는 매도로 결정된다.

부지런히 저축하여 자금을 모은다.

한두 개의 종목에 집중하여 투자하거나, 종목의 선택에 시간을 빼앗기지 말고, 욕심을 억제하고 여러 종목으로 위험을 분산하면서 먼저 주식시세에 익숙해져야 능동적 사고가 가능해진다.

성공투자자가 될 때까지는 특수한 투자 방법이나 많은 자금을 동원하지 말고 자기의 의지로 최대한 욕심을 억제하고, 인내하여 투자 방법을 관철하여 부지런히 가벼운 매매를 한다. 그러한 수양 기간은 단지 1~2년에밖에 되지 않는 것이다.

투자실패자는 원금이 조금이라도 줄어든 투자자다.

가끔은 크게 번 적은 있어도 전체 승부에서 이긴 적이 없어서 보유주식의 원금이 줄어드는 경우이다. 또한, 원금이 줄어드는 것을 두려워하여 팔지도 않고 재워두기만 하는 투자자도 투자실패자이다.

개인은 프로의 방식으로 매매할 수 없다

증권사의 프로는 매매하기 전에 많은 투자 대상 기업에 대하

원칙❸ 원금의 두 배가 될 때까지는 수양하는 기간이다.

여 여러 가지를 조사한다. 분석전문가(analyst)는 전문적인 눈으로 보고 귀로 듣고 피부로 느끼고, 방문하여 기업 현황을 확인하고 때에 따라서는 몇 개월간 지켜보며 투자 대상을 확인한다. 그만큼 비용이 들어도 안전하고 확실하게 투자하고자 하는 것이다.

그러나 아마추어는 그러한 일은 도저히 할 수 없다. 조사한다고 한들 일간지와 계간지의 기사 정도이다. 대부분은 세간에서 화제가 된다는 소문과 유언비어 같은 것을 근거로 하여 누군가에게 좋다고 들었다. 혹은 어느 종목이 많이 올랐다. 회사의 내용은 모르지만, 모두가 좋은 회사라고 하니까 하는 정도이다. 그러므로 「그러한 종목을 갖고 싶다」 라는 정도이다.

증권업계에 널리 퍼지는 정보라는 것은 대부분 사람으로부터 전해지는 소문이다. 진위성도 확실성도 부족하고 내용상으로도 기업 실체의 극히 일부분이다.

주가는 언제나 정확하고 타당한 것이다. 향후의 주가의 오르내림은 앞으로 분명해 재료나 정보 또는 투자심리에 의하여 실현해 가는 미래의 가치에 따라 결정이 되는 것이다. 그러므로 현재의 정보를 바탕으로 개인투자자가 아무리 매매해도 늦어지게 될 뿐이다.

상승 종목을 맞히는 것과 수익을 올리는 그것은 다르다.

주식투자는 주가 변동 폭만큼 최대한 이익을 취하는 것이 목적이라고 무의식적으로 생각하고 있다. 즉, 가능한 한 주가 상승 폭만큼 최대한으로 벌고 싶다는 사고방식이다. 그러므로 매도 후에 주가가 더욱 올라서 수익을 내는 기회를 놓치는 것이 두려워서 매도하는 것을 망설인다. 따라서 한번 사면 좀처럼 팔려고 하지 않는다.

자신이 얼마나 벌었는가를 보지 않고 매도 또는 매수 후에 얼마나 최고가 또는 최저가에 관해서만 관심을 두고, 주식을 가지고 있는 동안이나 매도 후에도 계속하여 안절부절못하고 휘둘린다. 아마추어가 프로처럼 흉내 내어 조사하고 연구하여 투자해 보아도 분명히 그처럼 되지는 않는다. 아무리 좋은 매도 시기를 찾고자 하여도, 좋은 종목을 골라서 사려고 해도 헤매게 되어 오히려 투자에 방해된다. 매매할 때마다 이익이 나는 종목 선택이나 매도 시기를 선택하는 것은 불가능하다.

그러나 전략이나 작전에 따라서는 착실하게 버는 것은 가능하다. 매번 오르는 종목을 맞추는 것은 지극히 어렵지만, 수익을 내는 방법을 체득하여 생각대로 실행하면 수익을 내게 되는 것이다. 주가의 움직임은 누구도 모른다. 그러나 저가에 사고 고가에 팔면 당연히 수익을 낸다.

원칙❸ 원금의 두 배가 될 때까지는 수양하는 기간이다.

시세 차이 전부를 가지려고 하지 않는다

주식을 매매해서 이익을 취하는 것은 고가와 저가를 정확하게 파악하여 이익을 취하는 것이 아니다. 주가의 오르내림을 자신에게 유리하도록 이용할 뿐이다. 그것 말고는 없다. 즉, 그 가격변동의 범위 내의 일부분의 주가의 폭만을 잘라내어 자기의 것으로 할 수 있으면 된다. 변동 폭의 극히 일부라도 좋다. 변동 폭의 전체 등은 알 수 없기에 이익이 적당하면 되는 것이다. 분명한 것은 언제나 변동 폭만큼을 가질 수는 없다.

주식시세의 움직임이 어떻든 자신이 좋다고 생각하는 부분만 잘라낸다면 나중에 주가가 상승해도 상관없는 것이다. 그러므로 매도 후에 얼마나 오르던 그것은 자신과는 관계없는 것이다.

주가의 상하운동 그 자체는 자신이 관여할 수 있는 것이 아니다. 날씨와 같이 어쩔 수 없다. 「어디까지 오를 것인가?」라고 생각하거나 끝까지 확인하려고 하는 것은 쓸데없는 노동력이 된다. 그러나 그것을 놓쳐서 분하다고 생각하는 것은 놀부 심보와 다름없다. 지나치게 빨리 매도하여 조금밖에 이익이 없는 것은 실패가 아니지만, 매도 시기를 놓쳐 손해가 나는 것이 큰 실패이다.

그러려면 깊이 생각하지 말고 주가가 급등하였을 때 매도한다. 주가가 급등하면 매도하는 것이 자신에게 이익이 되는 최대 요인이다.

자기의 영역에서 싸운다.

개인투자자는 주식투자에서 소폭의 이익을 노리고 분산하여 매매한다. 그리고 오르거나 내릴 때 이익을 낼 수 있는 수를 한 수씩 두어간다. 그것이 아마추어가 할 수 있는 범위로 자신이 싸움할 수 있는 영역이다. 자기의 영역에서 자기 페이스(pace)로 이길 수 있는 전쟁을 하는 것이다.

앞으로 주가가 어떻게 변할지는 신의 영역이다. 주가의 변동폭만큼 최대한 시세차익을 얻고자 최고가의 영역에서 싸우려고 하면 주가의 움직임에 마음이 흔들려 휘둘리게 된다. 이렇게 되면 전쟁에서 패배하게 된다.

「조금 더 오른 시점이 매도 시기다」라고 누구나 생각하는 시점의 바로 전의 시점이 최고의 매도 시기이다. 주가보다 이익에 관심 있는 사람이 투자에서 승리한다. 얼마나 상승할까가 아

원칙❸ 원금의 두 배가 될 때까지는 수양하는 기간이다.

니라 얼마를 벌 것인가를 생각해야 한다. 자기의 영역은 주가 변동 폭이 아니고 이익 폭이다.

자기의 영역을 확실히 해 두고 그다음은 하늘 영역인 주가의 움직임에 맡겨 두면 된다. 즉, 주식시세에 휘둘려지는 것이 아니라 자기의 영역에서 움직여 가는 것이다. 개인이 할 수 있는 필승의 매매 방법이 된다. 이러한 전법으로 조금씩 매매하면 점점 익숙해져서 매매를 두려워하지 않고 부지런히 매매해 나가면 어느새 성공투자자가 되어 있을 것이다.

자금을 사용하는 방법이 성패를 가른다.

주식투자의 목적은 돈을 버는 것이다.

투자자의 사명은 처음부터 돈을 버는 것이다. 투자자의 목표는 그 이상도 그 이하도 아니다. 오로지 주식시장에서 돈을 버는 것이 목표이다. 이것이 지나쳐 아무런 준비 없이 주식투자를 하다가 돈만 잃어버리고 주가만 바라보면서 경기와 운세만 탓하는 결과가 된다. 주식투자에 부족한 자기 능력은 탓하지 않고 자신이 한 일을 남의 탓으로 돌리는 것이다.

주식투자에서 주가의 변동에 지나치게 울고 웃으며 반응하면 과거만 보고 판단하여 앞을 보지 못하게 된다. 투자자는 오로지 현재 눈앞에서 벌어지는 주가의 오르내림을 이용하여 이익의 폭을 잘라내는 매매를 하면 되는 것이다. 이익이 나는 매매를 하려면 주가에 주가의 오르내림에 모든 신경을 곤두세우지 말고 이익의 목표를 세워 그대로 실천하는 습관을 지니면 되는 것이다.

- 이달의 이익 목표는?
- 현재 어느 정도 목표에 도달하였는가?
- 어떻게 하면 목표를 달성할 수 있을까?
- 목표를 달성하기 위하여 전력을 다하고 있는가?

수익을 내려면 무엇을 어떻게 하면 좋을지 스스로 생각하고 투자 방법을 익혀야 한다.

종목의 손익이 아닌 원금의 증감으로 결정된다.

각각의 종목으로 얼마를 벌었고, 얼마의 손해를 보았다 하는 계산을 하고 있으면 결국 최후에 투자 종목의 전부를 집계하면 원금은 줄었다고 하는 경우가 많다.

주식투자는 어디까지나 원금 전체를 조금이라도 늘려가야 한다. 원금 전체를 늘리려면 전체자금 중 투자하지 않는 예비자금이 필요하다. 즉, 불시의 주가 하락에 대비하여 주가가 바닥에 있을 때 예비로 두어둔 자금으로 주가가 바닥시세일 때 매수하는 것이다. 즉, 언제든지 동원할 수 있는 반등을 준비하는 자금으로 불시 하락에 매도하지 못한 종목의 손해를 만회할 수 있는 자금이 필요한 것이다.

원금 전체를 투자하여 현금의 여력이 없는 투자는 하지 않아야 한다. 원금 일부분을 현금으로 보유하고 때를 기다리면 이익으로 연결된다.

투자 종목과 투자자금을 전부를 종합하여 이익을 내어 원금을 늘려가도록 한다. 이것이 프로와 같은 방법이 된다. 그렇게 해가지 않으면 도저히 계속해서 이익을 낼 수 없고 개인투자자의 투자원금은 점점 감소하게 되는 것이다.

자금의 여유가 있고 없음이 승패의 결정 수단이다.

자금의 여유는 어떻게 만들어 내는가? 예를 들어 신용(융자) 거래에서 담보율이 30%면, 보유자산을 담보하여 3배 정도까지 매매할 수 있다. 만일 1,000만 원의 현금을 가지고 있다면 현금 1,000만 원 신용 3,000만 원 합계 4,000만 원으로 매매를 할 수 있는 있다는 것이다.

현금 1,000만 원으로 주식거래를 할 경우

원칙❹ 자금을 사용하는 방법이 성패를 가른다.

① 현금과 신용을 합해서 투자하나 자금의 한도는 1,000만 원까지로 한정한다.
② 투자자금 최대한도의 절반인 신용과 현금을 합쳐 2,000만 원까지를 매매하여 회전시킨다.
③ 투자자금 최대한도인 4,000만 원까지 매수한다.
상기 ①~③중 그 어느 것도 자유롭게 선택하여 자금을 사용하여 매매할 수 있게 된다.

그러나 1,000만 원의 자금으로 주식거래를 하는데 1,000만 원으로 할지, 2,000만 원까지 할지, 4,000만 원까지 할지는 주식투자에 성공했을 때와 실패했을 때의 어떤 결과를 살펴보아야 한다. 그것은 자동차가 시속 100km, 150km, 200km로 달릴 때의 효율성과 위험성을 생각하면 알 수 있을 것이다. 200km로 속력을 내면 문명의 이기가 재해를 일으키는 흉기가 되어 버린다.

신용(융자)거래는 지금까지의 매매 한도를 자금의 3배 이상으로 사용해서 크게 벌기 위한 수단이라고 생각해 왔다. 무책임하게 주식을 가득 매수한 것이다. 신용융자로 매수 한 것이 하락하고 있으면 결제의 기한 때문에 불안하다.

현금으로 매수한 것은 하락해도 신용융자거래보다는 덜 불안을 느낀다. 그러나 두 경우 모두 큰 착각으로 거래하고 있다. 주식을 모두 배불리 매수하였기에 그러한 일이 된다. 현금 매수도 하락하면 곤란하다. 그러한 투자 방법은 완전히 틀린 것이다.

매매 한도의 절반은 현금을 사용하지 않는다.

우선은 여유가 있는 투자자금을 만들어 내려면 이것밖에 없다. 싸움에서는 강한 것이 이기고 약한 것이 패한다. 주식투자에서 강하다는 것은 큰 전투력인 많은 자금을 가지는 것이다. 주식투자에서 신용대주거래로 투자하는 방법은 다음과 같다.

그 첫 번째가 신용으로 돈을 빌려서 주식을 매수하는 「신용융자거래」이다. 이는 자금을 가능한 한 많이 가지고 매매하고자 하는 경우이다. 그것으로 심리적인 「여유」가 크게 생긴다. 「여유」가 있고 없음은 투자에서 상상 이상의 힘이 되어 성패를 가를 정도의 힘을 가지고 있다. 그러나 신용융자 매수는 보유현금 이상으로 매수해서는 안 된다. 보유 현금은 예비전력으로 매매를 위하여 남겨두어야 한다.

다음은 주식을 빌려서 매도하여 기한 이전에 해당 주식을 매수하여 상환하는 「신용대주거래」이다. 주가는 끊임없이 오르내리고 있다. 그러한 주식시세에 매수만으로 맞서는 것은 한 손으로 복싱을 하는 것 같은 것으로 지는 것은 당연하다. 주가 하락장세에 수익을 내려면 대주 매도가 필요한 도구가 된다.

원칙❹ 자금을 사용하는 방법이 성패를 가른다.

마지막으로 현물 주식을 담보로 신용으로 주식을 대주하여 파는 「신용담보거래」이다. 주가 하락에 대비하여 보유한 현물 주식을 담보로 대주를 매도하는 것으로 위험을 회피하는 방법이다.

이상 3가지가 주식투자의 신용거래 방법이다. 신용거래는 절대로 대량으로 주식을 매수하기 위한 것이 아니다. 1,000만 원의 원금의 예를 설명하면 다음과 같다.

매매 한도 총액을 2,000만 원으로 하고, 그중 1,000만 원 이내를 신용융자로 매수하고, 나머지 절반인 1,000만 원 이내를 신용대주거래로 매도한다. 그렇게 하면 원금의 2배를 사용할 수 있고 위험도 줄일 수 있게 된다. 여기서 「이내」또는 「한도」라고 하는 것은 전부를 사용하지 않는 것이 좋다. 물론 매도와 매수 종목은 다르다.

현금을 모두 매수하는 데 사용하지 않고, 현금 일부를 신용융자거래의 담보로써 사용할 수 있으면 자금관리에 유리하다. 현금을 보유하는 것만으로 큰 여유가 있다. 매수 기회에 돈이 없어서 손절매할 수밖에 없는 꼼짝 못 하는 상황이 돼서는 안 된다.

매수만으로는 성공할 수 없다.

주가 하락은 누구도 모르게 시작된다.

주가 하락의 시작이나 그 정도를 예측할 수 있는 사람은 거의 없다. 주가 변동하는 것만 보고 있으면 수면 아래에서 일어나는 하락의 징조 등은 모른다. 매수 여력이 있는 투자자가 남은 자금이 아깝다고 하여 하락하리라고는 꿈에도 생각하지 못하고 두려움을 품지 않고 계속해서 사고 있다. 그러한 누구도 생각도 해보지 않는 상황 중에 하락장세는 생겨나는 것이다.

주가 하락이 시작되면 현재 주가의 절반 정도까지 내려가지 않겠지 하고 생각하는 것이다. 경제나 경기도 화제가 안 되고 때로는 상승국면도 있고, 제법 이식매매 등도 할 수 있기도 한다. 이 때문에 투자자는 비관적인 생각은 없으며 아직 희망의 여운이 남은 상황을 기대한다.

그러나 주가가 하락이 계속되어 절반 이하가 되면 매수 여력도 없어져 절망이 지배하게 된다. 그때가 되어서 겨우 팔고 싶어진다. 그러나 깨달았을 때는 이미 늦어 보유주식 대부분은 손절매가 아니면 잘 팔리지 않는 상태가 되어 있다.

따라서 주가가 하락하여 반 이하가 되면 투자자는 손발이 움츠러지는 것 같은 싫은 기분이 되어, 사고가 정지되고, 자금의 여유가 없어 자유가 속박되어 매매에서 움직일 수 없게 된다. 그렇게 되었을 때 손해 보는 것이 무서워서 팔 수 없게 된다.

하락장세에서는 매도밖에 없다.

처음부터 보유만 하는 주식에서 손익을 계산한다고 하는 것은 무의미한 일이다. 장기 보유가 목적인 투자자는 평가손익을 빈틈없이 계산하여야 한다. 그러나 주식을 매매해서 원금을 늘리려고 하는 개인투자자가 보유만 하고 있으면 투자실패자가 되는 길을 달리게 되는 것이다. 개인투자자는 주식을 보유만 한 상태에서 손익을 계산하지만 말고, 매매하여 현금이 손에 들어오는 이익만을 계산하여야 한다.

그러므로 하락한 주식을 보유한 채 보고만 있으면 안 되는 것이다. 하락한 주식을 이익의 기회로 잡아 매매하는 것이 유리하다. 팔아 현금을 확보하고, 더 하락하면 다시 매수하면 되는 것이다. 하락한 보유 종목을 과감하게 팔아 정리하지 않으면, 나중에는 손쓸 방법이 없어지게 된다.

주식시세의 차이를 이용해 대세가 상승세라면 매수하고, 하락세이면 파는 것이다. 결코, 매수만 하는 것은 아니다. 오른 것은 언젠가는 반드시 떨어진다고 생각하면 틀림없다. 주가 하락을 정부 정책 탓으로 돌려도 자기의 손해를 정부가 만회해 주지 않는다. 주가 하락에서의 자기의 손해는 정부의 문제가 아니고 자기의 손해이기 때문이다. 주가 하락에 대비하는 투자 방법을 배우고 익혀 그에 대비하는 투자 습관이 있어야 한다.

개인투자자는 오르는 것만 생각하고 매매하기 때문에 손해를 보는 것이다.

원칙❺ 매수만으로는 성공할 수 없다.

주가는 오르내리고 나는 사고팔고 한다.

주식은 오르거나 내리거나 하는 것이기 때문에 오르든 내리든 어느 쪽에 바람이 불었다고 한들 결국은 자신이 이익을 얻으면 된다. 끊임없이 오르락내리락하는 시세에 매수만으로 맞서는 것은 강한 상대에 대하여 절반의 전력으로 싸우는 것과 같아서 한 쪽 엔진으로 나는 비행기와 같이 안전하게는 날 수 없다. 끊임없이 추락의 위험을 내포하는 것이다. 패배하는 것은 당연하다.

그러므로 올라도 내려가도 벌 수 있도록 매수주와 매도주를 가지고 있어야 한다. 그러나 대주거래가 싫다면 현물 주식으로 연계매매를 한다. 주가가 내려가면 매수하고 올라가면 매도하여 매매 한도 이내에서 매매를 회전시켜간다.

물론 매수와 매도 종목은 달라야 한다. 자신이 매수한 것이 전부 오르면 좋지만, 만약 반 이상은 하락하고 있다면 매도하여야 한다. 이 점은 한때 세계의 주식거래를 석권하여 유명해진 헤지 펀드(Hedge Fund)를 보고 배울 필요가 있다. 그들이 지금까지의 큰 성공을 거머쥐어 온 원인도 투자원금에 대하여 위험분산(hedge)을 하였다. 즉, 매수와 동시에 매도도 하기 시작한 점이 크기 때문이다.

2장

성공하는 매매전략과
주식 매도 방법

❶ 박리다매 전략으로 매매를 회전시킨다.

❷ 종목별로 조금씩만 벌어도 수익은 늘어난다.

❸ 고수익보다 확실한 이익을 선택한다.

❹ 이익이 발생하면 서두르고 주저하면 놓친다.

❺ 단기간에 버는 것이 성공의 열쇠이다.

❻ 시간에 맡기는 것은 운에 맡기는 것과 같다.

❼ 주가의 미래는 예측할 수 없다.

❽ 머리와 꼬리는 남에게 준다.

박리다매 전략으로 매매를 회전시킨다.

수익은 이익률과 회전율로 결정된다.

1년간 50만 원을 벌었다고 하자. 원금이 100만 원이라면 50%의 이익이 되어 대단히 만족스러운 일이다. 그러나 원금이 1,000만 원이라면 이익은 불과 5%로 채권투자보다 좀 나은 정도이다.

보통은 주가의 상승과 하락 등 주식시세에 관한 숫자는 대부분 금액으로 즉, 덧셈과 뺄셈으로 생각하고 있다. 그러나 이제부터 벌려면 프로가 하는 것과 같이 금액이 아닌 비율 즉, 곱셈과 나눗셈으로 생각하는 것에 익숙해져야 한다.

따라서 이익을 생각할 때도 50만 원 벌었다고 하는 것 같은 금액이 아니고 50% 벌었다고 하는 것처럼 원금에 대한 비율 즉, 이익률로 생각해 가도록 한다. 그렇게 해 두지 않으면 자기의 주식거래에서 성공 여부가 장부 없는 계산이 되어 올바른 성과를 거둘 수 없게 된다.

여기에서 이익률이 어떻게 나오는지 알아보자.

① 연간 1회 매매 : 100만 원으로 주식을 사서 50만 원의 이익을 내면 연간이익률은 50%가 된다.

(1회 이익률 50%)×(원금 이용 횟수 1회)=(연간이익률 50%)

② 연간 10회 매매 : 100만 원으로 주식을 사서 5만 원의 이익을 내는 매매를 10회 하면 합계 50만 원으로 연간이익률은 50%가 된다.

(1회 이익률 5%)×(원금 이용 횟수 10회)=(연간이익률 50%)

즉, 원금을 연 50% 늘리려면 1회 매매로 얼마를 벌고 팔 것인가(매매이익률)와 매매를 1년간 몇 번 반복할 것인가(회전율)에 의해 결정이 된다. 이 2가지 투자 방법 중에서 어느 것을 선택하여 투자할 것인가이다.

투자수익은 자금이 회전하면서 발생한다.

자기의 목적이 높은 주식시세로 벌고 싶은 것인지(투기), 우량 종목을 오랫동안 가지고 그 회사에 봉사하고 싶은 것인지(투자), 그것에 따라 어떻게 팔 것인가가 결정된다. 투기라면 값이 오르는 주식을 가지고 있어도 벌었다고는 할 수 없다. 만일 이익이 나지 않는 경우라도 손해가 나지 않고 원금이 원래대로 돌아온다면 매매하여 자금이 회전하는 것만으로도 이득이라고 하는 것도 된다.

처음부터 돈은 돌고 도는 것이다. 그래서 사회의 경제에서도 개인의 일에서도 돌지 않으면 끝이다. 돌고만 있으면 또다시 앞으로 나아갈 수 있다. 경제뿐만 아니라 세상 전체는 빙빙 돌고 있지만, 자신이 휘둘려지는 것보다 휘두르는 쪽이 유리하다. 먼저 회전시키는 것이 포인트이고, 그다음에는 좋은 시기에 빠져나오는 것이다. 매달려 있으면 언제나 선수를 빼앗기고 휘둘려지게 되어 달아나게 된다.

- 현금 (=안전)
- 주식 매수? (주식=위험?)
- 주식 매도? (현금=안전)=이익

위에서 보이는 것처럼 매수는 위험한 다리를 건너기 시작하는 것이기 때문에 충분히 시간을 들여서 기다려도 된다. 그러나 매도는 위험한 상태로부터 원래의 안전한 상태로 돌아가기 때문에

원칙❶ 박리다매 전략으로 매매를 회전시킨다.

가능한 한 빠르게 회전으로 한다. 즉, 위험을 짊어지는 기간은
짧으면 짧을 만큼 좋은 것이다.

높은 이익률은 능력이 필요하다.

한 번의 매매로 크게 벌 수 있다면 많은 횟수를 매매하지 않아
도 좋다. 그러나 그런 매매는 누구나 할 수 있는 것은 아니며,
높은 이익률을 내는 매도 방법을 구사할 수 있는 사람은 다음과
같은 조건을 갖은 사람이다.

① 대량의 자금을 가지고 시세를 움직이는 사람

② 경험이 풍부하고 기술이 우수하며 경제와 정세의 전망뿐만 아
　니라 주가의 장래에 대해서도 정확한 전망이 가능한 사람

③ 기업 내부정보를 입수할 수 있고 그 정보가 거래에 어떠한 영
　향을 주는가를 정확히 판단할 수 있는 사람

④ 1년에 몇 차례의 주가 하락 시기에 저가 매수를 대담하게 할
　수 있는 사람

⑤ 소폭의 이익으로는 만족할 수 없는 큰 부자로 도중의 소문에
　혹하지 않고 목표치까지 언제까지라도 기다릴 수 있는 사람

위와 같은 사람은 매매회수도 적고 1회 매매마다 매매단위와

매매금액이 커 몇 번의 매매로도 크게 벌 수 있다. 그러나 그러한 능력이 없는 사람이 고율의 이익을 바라고 그들과 같은 방법으로 투자한다면 이익보다 손해를 보는 원인이 된다. 그러므로 일반투자자는 회전율을 높여 박리다매로 투자하는 것이 좋다.

박리다매는 기회가 많다.

주가가 큰 폭으로 오를 확률은 낮고 앞으로 여러 가지로 유동적이다. 그러므로 향후의 주가 변동을 정확하게 전망하고 큰 폭으로 오를 것에 맞추어 큰 이익률을 노리는 것은 상당히 어렵다. 오히려 매매를 여러 차례 반복하다가 우연히 그런 경우를 만났다고 하는 것이다. 그러므로 매매 때마다 같은 높은 이익률을 바라는 것은 위험한 것이다.

그에 반해 적당히 여러 종목에 투자하여 조금씩 부지런히 벌어 가는 박리다매하는 쪽이 기회가 많고 하기 쉬우며 실패도 적은 편한 방법이 된다. 어느 정도 쌓일 때까지의 수련하는 시기에는 욕심을 부리지 말고 박리다매로 가야 한다. 그것은 힘없는 사람이라도 힘 있는 사람에 대항할 수 있는 유일한 방법이며 매매회수를 늘려 안전하고 확실하게 「연간이익률」을 높이는 결과

원칙❶ 박리다매 전략으로 매매를 회전시킨다.

를 얻을 수 있다.

큰 이익을 얻으려면 위험한 다리도 건너게 되어 조금이라도 고가에 팔고자 하면 「한 푼 아끼다 큰돈 잃기」가 될지도 모른다. 최고가 매도를 노리지 말고 위험도 작은 매매를 하여 적은 이익이라도 몇 번이고 하여 쌓아 가면 큰 이익이 된다. 매매마다 부지런히 버는 것과 크게 버는 것을 모아서 정리해 보면 다음과 같다.

⇨ **부지런히 매매하여 번다.**
- 기회가 자주 있다.
- 맞출 가능성이 크다.
- 빗나가면 상처가 가볍다.

⇨ **크게 번다.**
- 기회가 드물다.
- 빗나갈 가능성이 크다.
- 빗나가면 상처도 크다.

그러나 박리다매라고 해서 고가에 매수해도 된다고 하는 것은 아니다. 고가에서 사는 것은 적은 이익은 고사하고 손해의 원인이 되기 때문이다. 또한, 적게 번다고 해서 맞출지 어떨지 반반인 것을 대량으로 매매하는 것은 도박이다.

매일 1단위 거래만 매매한다.

　주식투자는 긴장감을 즐기는 놀이가 아니라 또 하나의 비즈니스로 프로처럼 매일 조금씩 성실하게 하는 것이 효율적이다. 그렇게 하는 것이 불안을 느끼지 않고 즐겁게 매매할 수 있다. 그러므로 1 종목에 대해 1 단위(예를 들면 1,000주) 이상은 하지 않고, 매일 적어도 1단위의 매매를 하는 것을 명심한다.

　개인투자자가 주가의 높고 낮음에 딱 맞는 일시를 선택하여 주문을 내놓을 수는 없다. 당연히 빗나가기 때문에 매도타이밍은 분산하는 것이 좋다. 오늘의 운 좋은 상태가 내일도 좋을 것이라는 보장은 없다. 내일은 무엇이 일어날지 어떻게 될지 모른다. 가격이 오를 거로 생각하여 기다려 보아도 가격이 내려가는 경우도 많은 것이다.

　그리고 매매할 때 사람은 팔아야 할지 하지 말아야 할지 여간해서 결단이 서지 않는다. 시험 삼아 1단위 1,000주라도 지정가로 주문을 해보자. 그것으로 팔리든 팔리지 않던 마음이 안정되어 냉정하게 볼 수 있게 된다.

　그러므로 매일 그날 중에서 가장 좋을 것 같은 매매를 하나만 하는 것이다. 시세는 심술궂어 팔면 오르고 사면 내려간다. 따라

원칙❶ 박리다매 전략으로 매매를 회전시킨다.

서 매도도 매수도 1단위로 하는 것이 좋다. 신규 매매가 눈에 띄지 않으면 전매하거나 이식매매가 없으면 연계매매도 좋다. 최대한 자금을 순환시키는 것이다. 그리고 오르지 않는 보유 종목은 어떻게 되든 상관없다고 하여 내버려 둔다. 이기려고 하는 것이기 때문에 끌려가는 때에 안달하면 안 된다. 최저단위 정도의 보유주는 내버려 두고 차분히 매수가 이상의 주가에서 매도를 기다린다.

바보처럼 한 종목을 몇만 주 정도 대량으로 매수하여 승부를 걸면 재빠르게 손절매하여 도망치고, 그렇지 못하였으면 당황하여 실수하지 말고, 하락세 이후 반등하는 상승세를 포착하여 판다.

종목별로 조금씩 벌어도 수익은 늘어난다.

소폭의 이익을 쌓아 간다.

1회의 매매마다 소폭의 이익을 노려 매매한다. 그러나 매매 횟수와 매매 기간에 따라 원금 대비 수익률은 달라진다. 큰 이익을 바라는 사람도 1년에 원금의 50%의 이익을 목표로 한다면, 대개 「그렇게 벌 수 있을까?」라고 의문 시 한다. 그러나 1종목당 여러 번 매매하여 20%~30% 이익을 목표로 매매한다고 가정하여 여러 종목을 그와 같이 1년에 몇 번이고 매매하여 이익을 낸다면 투자 이익금은 원금의 50% 이상으로 늘어날 것이다.

그러면 왜 사람들은 연간 50% 정도도 이익을 낼 수 없다고 생각하는 걸까? 그것은 원금의 2배가 되는 큰 이익은 한 번쯤은 가능할 수 있다고 해도 반복적으로는 이익을 낼 수 없기 때문이다. 보통은 과거의 큰 손해를 메우려고 작은 이익에 매도하지 않고 큰 이익을 내는 매수 종목에 투자하는 데 급한 마음뿐이다.

예를 들어 매월 원금의 10%의 이익을 확보하고 그것을 되풀이해 가는 것만으로 연 50%는 물론 100%도 달성할 수 있다. 위험을 피하고 손해를 줄여 소폭의 이익을 몇 번이고 반복하여 이것을 연간으로 계산하면 가장 확실한 방법이 된다. 주식투자에서 큰 이익을 노리지 말고 조금씩 확실하게 벌어 가면 놀라울 정도로 이익이 쌓여 큰돈이 된다.

주식투자 이익계획을 수립한다.

보통은 비즈니스에서 수익을 목표로 월간 또는 연간 이익계획을 수립한다. 그런데 주식투자의 경우만은 돈벌이가 목적임에도 대부분은 그러한 계획을 세우지 않는다. 벌 수 있을 것 같은 종목을 찾아내는 것에만 열심이고 이익계획은 없이 매매한다.

즉 「주가는 예상할 수 없는 움직임을 보이는 것이므로 매매해 보았자 얼마를 벌 수 있는지 없을지 해보지 않으면 모르므로, 그런 것을 상대로 이익계획 따위는 없다.」라는 생각이다. 그러나 그것은 되는 대로 매매하려고 하기 때문이다. 그렇게 생각하면 잘못이다.

주식투자를 돈벌이로 한다면 자신이 계획을 세워 어느 정도의 기간 이내에 자신이 파악할 수 있을 정도의 주가 움직임에서 조금씩 이익을 쌓아 올리고 큰 손해가 나지 않도록 욕심을 억제하여 비교적 안전하고 확실한 이익추구를 한다. 그렇게 하면 충분히 계획적으로 이익을 창출할 수 있다. 이렇게 하지 않으면 주식투자에서 성공할 수 없다.

오히려 개인투자자가 지금까지의 주식투자에서 실패했다고 하면 그것은 「계획 따위는 세울 필요가 없다.」라고 생각하고 빨리 벌고 싶은 마음에 원금의 한도까지 마음껏 사서 시간만 걸리는 운이나 우연에 맡긴 매매를 해 왔기 때문이다. 개개의 매매로 벌 수 있는 만큼 벌고 싶다는 생각이 드는 것은 이러한 계획을 세우지 못하고 있기 때문이다.

사물은 무엇이든지 다 쥘 수 없을 만큼 움켜쥐면 넘쳐흘러 버린다. 아무리 눈앞에 있어도 어느 시간 내에서의 자기 손바닥 크기(능력)만큼 밖에 쥘 수 없고, 또 그것으로 충분한 것이다. 그래서 원금으로 매수할 수 있는 만큼 전부 사용할 필요는 없다. 최대한 사용 가능한 금액의 반 정도만을 상시 사용 한도로 하여 자금 여유를 가지고 매매를 하는 것이 좋다.

원칙❷ 종목별로 조금씩 벌어도 수익은 늘어난다.

개별 투자 종목마다 10%의 이익을 낸다.

각각의 종목은 매매하여 큰 이익을 바라거나 노리지 않고 10% 정도 소폭의 이익으로 조금씩 이익을 내어 그것을 여러 번 반복한다. 현재와 같은 저금리 시대에서는 1,000만 원의 채권으로 1년간 금리가 19,000원에밖에 되지 않는다. 그것을 예를 들면 1주에 1,000원이었던 주식 1,000주를 1개월 사이에 1,130원으로 팔아 세금 및 수수료를 지급하고 10만 원을 벌면 최고이다. 단 10만 원의 이익이라고 해도, 쇼핑을 할 때는 큰돈이다.

주식투자에서 이익을 취하는 매도 방법은 매수가에서 10% 정도 오른 약간 부족하고 느끼는 곳에서 매도가를 정하여 매도주문을 한다. 그렇게 주가가 오르면 10% 정도의 이익을 취하는 습관을 들여 강세 장세이든 하락장세이든 보합 장세이든 욕심을 자제하고 이익을 취하는 수련 기간을 가져야 한다.

수련 기간이 지나 이익이 원금 이상으로 모였다면, 여유를 갖고 때에 따라서는 10%에 구애받지 않고 그 이상을 모험해도 괜찮다. 그러나 어쩐 지 벌써 슬슬 한계점이라고 생각이 되면 주저 없이 재빨리 형성된 가격으로 이익이 나면 매매한다.

그리고 어느 경우에도 매도 후 또다시 크게 오르는 일도 있지만 10% 벌면 성공적이다. 더 벌 수 있는데 아깝다고 생각하지 말고 「10% 벌면 어쨌든, 이익이다.」를 기본으로 정하고 반복하여 매매한다.

10% 이상 이익은 생각하지 않는다

일반 비즈니스에서는 당기의 이익 목표를 얼마 「이상」이라는 식으로 설정한다. 그러나 주식투자에서의 이익 목표는 다음과 같은 이유로 10% 「이하」로 상한선을 정하여 빨리 팔아버려야 한다.

① 종목마다 월 10% 전후의 주가 변동은 10할 중 8~9할의 비율로 발생하지만, 그 이상의 변동은 10회 중 1 회 정도밖에 일어나지 않는다. 큰 시세는 좀처럼 없고 장기에서 대폭 떨어지는 것은 년 1~2회 정도밖에 없다.

② 빨리 벌고 싶다던가, 한 번에 크게 벌자고 생각하면은 한 번에 집중 매매 하고자 한다. 그래서 오히려 모든 것을 잃어버린다. 착실하게 10% 이익의 페이스로 투자해 가면 이후의 원

금은 반드시 10배에서 100배가 되기 때문에 욕심내지 않는다.

③ 이전의 손해를 빨리 만회하고자 초조해하면 점점 더 손해가 늘어나게 된다. 손해의 조기 회수에 구애받는 것이 마이너스 사고가 되어 언제까지나 이익을 내는 매매를 할 수 없게 되어 버린다.

④ 사지 않은 주식이나 판 주식이 대폭 오르는 것은 매번 일어난다. 한도 없는 많은 이익을 얻고자 하면 언제나 그것으로부터 후회와 초조함을 느끼고 있어서 실패의 원인이 된다.

⑤ 이전의 매매를 후회하면서 매매하고 있으면 초조해진다. 그 초조함으로 눈이 어두워져 또 실패의 매도 또는 매수를 해 버린다. 벌 수 있을 때 벌어 두고자 하는 기분이 오히려 벌지 못하게 하는 것이다.

단 여기에 쓰여 있는 「10% 이하」라고 하는 것만을 실천해서도 안 된다. 이 책에 쓰여 있는 것은 투자자 대부분이 지금까지 해 온 것과는 전혀 다른 것이기 때문에 그것들 전부를 한 후에 10% 오르면 파는 것이 필요하다. 만일 투자자가 지금까지 해 온 대로의 방법과 이 10% 이내라고 하는 것만을 짜 맞추어도 그것은 나무에 대나무를 접목한 것이 되어 오히려 실패의 원인이 된다.

복리로 연간 50%~60% 번다.

보통 각각의 종목의 손익이나 눈앞의 이익은 진지하게 생각하지만, 원금 합계금액의 증가라고 하는 것은 대부분 생각하지 않고 있다. 그러나 어느 매매에서나 전 종목이 이익을 내는 것은 정말 불가능하다. 그것을 노려서는 오히려 원금이 줄어드는 결과가 된다. 손익을 차감해 나가면서 원금 전체로 벌어 가도록 하지 않고 각각의 매매에서 손해가 나면 실망하고 의기소침한 듯한 방식으로는 버는 것은 불가능하다.

때에 따라서는 원금을 크게 늘린다고 하는 전체의 큰 이익을 얻으려고 눈앞의 불리해질 것 같은 수를 던지는, 즉, 뻔히 손해가 날 것으로 생각하는 종목의 매매도 전체 위험회피를 위해서 해야 한다.

1회씩 매매 할 때마다 당연히 이익을 얻을 수 있는 시기도 다르고 그중에서는 손절매도 포함되지만, 그것들 10% 이하의 실현손익을 차감하여 집계하면 원금 전체를 1개월에 충분히 3%~4%씩 늘려갈 수는 있다. 그리고 성공투자자가 될 때까지는 이익도 쓸데없이 사용하지 않고 반드시 매매자금으로 사용하는 방식으로 사용하여 즉, 복리로 이익을 내도록 한다.

원칙❷ 종목별로 조금씩 벌어도 수익은 늘어난다.

그러한 것을 전제로 하여 먼저 5년에 원금을 10배로 늘린다고 하는 5개년 계획을 세운다. 지금 가령 1,000만 원을 원금으로 한다. 그것으로 매수한 여러 종목 중에서 주당 1만 원으로 매수한 4종목의 400주 만이라도 주당 1,000원이 오른 11,000원에 매도하면 약 40만 원의 이익이 된다. 이 정도의 매매는 비교적 쉽게 할 수 있을 것이다. 그러므로 1개월에 1,000만 원으로 40만 원 전후의 매매차익을 얻는 월간 약 4%의 이익계획을 세울 수 있을 것이다.

즉, 우선 월에 원금의 약 4%(40만 원)를 버는 것에서 시작하여 그것을 원금에 반복하면서 매월 4%씩 버는 페이스(face)로 나간다. 그러면 연간으로는 50%~60%씩 증가하여 2년 후의 원금은 2배로 늘어난 2,000만 원이 되고 이것으로 승자가 될 수 있다. 그리고 5년 계획의 5년 후에는 10배인 1억 원, 더 나아가 10년 전후에는 1,000배인 10억 원이 된다. 그러한 계획을 세워 당황하거나 초조하게 굴지 않고 진행해 간다. 그 이상으로 과대한 생각으로 계획하면 오히려 실패하게 된다.

「이익은 인내와 끈기」 「한방보다는 꾸준하게 조금씩」이라고 하는 것으로 해 가면 된다.

고수익보다 확실한 이익을 선택한다.

최고의 수익을 바라면 실패한다.

주식시장에서 매매는 자기 마음대로 할 수 있고 결과도 알기 쉽게 바로 나오기 때문에 친구들에게 자랑하고 싶을 만큼 대박을 터트리고 싶어진다. 그러나 자기가 주식시장에서 스타가 되려고 해도 주식시세는 만만히 볼 상대가 아니다.

때로는 우연도 가능하지만, 또 자기 멋대로의 견해나 크게 부풀려진 희망이 그대로 통용하는 곳이 아니다. 유행을 좇아 몰려다니는 친구에게 자랑하고 싶다는 등의 생각은 오락이고 바르지 못한 그릇된 생각이다. 놀면서는 벌 수도 없고 사사로운 생각을 하고 있으면 당하는 것이다.

원칙❸ 고수익보다 확실한 이익을 선택한다.

요즘 시대는 투기자금이 온 세계를 돌아다니게 되어 있으므로 크게 벌려고 해도 자기 혼자서 전 세계를 상대로 하는 것과 같은 상태가 된다. 그러므로 혼자서 아무리 노력해도 시장을 움직이는 것은 많은 자금을 갖고 시세를 만드는 큰 세력이며 다수의 투자자이다. 소수에 속하는 자기가 시세를 움직일 수는 없으며 그러한 투자는 시장에서 쫓겨나는 것은 당연하다. 스타가 되려고 하면 할수록 시장의 먹이가 되어버리게 된다.

우선 목표로 하는 것은 스타가 되기보다도 조금이라도 버는 것은 원금을 늘리는 것이다. 몫을 분별해서 조금씩 잘라내면 된다. 스타를 목표로 하는 것은 성공투자자가 된 그 후에 하면 된다. 시장에서 타인에게 자랑할 수 있는 최고의 성과를 얻으려고 한다면 대단히 신경을 써야 한다. 또한, 신경 쓰지 않고 큰 이익을 얻고자 생각하고 있으면 매도 시기를 놓치게 되고 다음은 재워두기 파에 들어가 버린다.

최고가 아니고 약간 좋으면 된다고 생각하면 느긋하게 착실히 할 수 있다. 고지식한 사람일수록 이상적인 매매를 하고 싶어 하지만 수련하는 시기의 투자자가 그러한 일을 하고 있어도 지칠 뿐이고 실패의 원인이 된다.

처음부터 차선을 선택한다.

주가는 그렇게 자신에게만 유리하게 움직여 주지 않는다. 이익을 내는 매도시기를 놓치지 않고 매매하는 것이므로 높은 이익을 내는 최선의 수는 두지 않는다. 기껏해야 차선의 수다. 잘못하면 최악의 수를 두게 되기 때문에 최악이 아닌 차선의 수를 둘 수 있으면 대성공이 된다.

예를 들면 이익을 내는 매도가를 정할 때

① 첫째로 가장 좋은 매도는 최고가 직전에 매도하는 것이다. 그러나 그런 기회는 좀처럼 없다. 우연한 산물이다.

② 두 번째로 좋은 매도는 이익이 나서 매도한 후에 다시 매수하여 이익을 내고 매도하는 것이다. 그러나 이것은 자금의 여유가 있어 주가의 파도에 올라탈 수 있는 경우이다.

③ 세 번째는 최고가에 매도가를 정하는 경우이다. 그러나 이렇게 해서는 매도할 기회를 놓치고 잘못하면 큰 손해를 보는 원인이 된다.

원칙❸ 고수익보다 확실한 이익을 선택한다.

그러므로 ①의 경우는 우연의 산물이므로 예외로 한다. 따라서 이익이 난 매매를 한 후에 매도한 주식이 오르는 것을 각오하고 ②를 선택하는 것이 가장 좋다. 적은 이익을 내고 매도한 주식이 매도 후에도 점점 올라 다시 매수하여 적은 이익을 내도 매도해도 그것은 실패가 아닌 성공한 투자이다. 최악의 매도는 매도 목표가 70~80% 수준에서 매도 목표가에 오는 것을 기다리는 중에 하락하여 이익 없이 손절매하는 ③의 경우이다. 이것이 되돌릴 수 없는 대실패가 된다.

최고가 매도 최저가 매수를 생각하지 않는다.

보통 살 때는 바닥시세에서 매수하고자 크게 의식하여 노리지 않지만, 파는 시기는 최고가에 팔고 싶어 한다. 그러나 하나밖에 없는 최고가에 누구나 팔고 싶어 하고 누구나 사고 싶어 하지 않는다. 따라서 모두가 최고가라고 생각하는 훨씬 전부터 하락이 시작된다. 따라서 빠져나가는 전쟁이 된다. 우물쭈물하고 있으면 매도 시기를 놓쳐 버린다.

아무도 모르는 최고가에서 팔고자 계속 가지고 있다가 반전하여 하락하기 직전에 뛰어내리려고 한들 그것은 전방의 낭떠러지 직전까지 전력으로 돌진하여 가장 끝까지 도달한 자동차가 승리한다고 하는 미국에서 유행하는 치킨 레이스와 같은 것이 된다. 그것으로 성공할 수 있는 투자자는 정말 일부의 프로나 우연히 맞춘 사람들뿐이다. 할 수 있는지 없는지 모르는 일에 거는 것은 도박이 되고 굉장히 신경을 쓰게 된다. 수련 중의 투자자는 그전에 내려오지 않으면 치킨 레이스의 벼랑에서 떨어질 뿐이다.

「주식투자의 명인은 최고가에 팔지 않고 최저가에 사지 않는다.」라고 한다. 최고가 매도는 가장 팔기 어렵고 매도 시기를 놓치기 쉽다. 최고가 매도를 노리면 실패하는 것이다. 지나치게 욕심을 부려 매매 타이밍을 놓쳐서는 모든 것이 헛수고가 되어 버린다. 바닥시세보다 높을 때 사자. 파는 것은 최고가보다 아래로 충분하다고 하는 차선의 태도가 결과적으로는 최선책이 된다.

주식은 「장미를 자르는 것처럼 팔아야 한다.」라고 한다. 시세의 최고가는 나중에 되어 보지 않으면 아무도 모른다. 「나무는 하늘까지 자라지 않는다.」라고 결론짓고 80% 정도에서 시세차익을 얻는 것이 긴요하다. 장미꽃도 만개한 후보다는 80% 정도 핀 단계에서 잘라내는 것이 아름다움을 오래 즐길 수 있다. 또 「이익이 나는 매매는 80%」라고 한다. 최고가까지 기다렸다가 차익을 먹자고 생각하고 있으면 예상외의 시세 급락으로 매도 시기를 놓치게 되는 경우가 많다.

원칙❸ 고수익보다 확실한 이익을 선택한다.

자기가 생각한 폭의 60%~70% 정도에서 차익을 얻어라. 오르는 폭을 전부 취하고자 하면 오히려 손해가 된다고 하는 옛날부터 전해오는 격언이다.

최고가 매도는 매도 시점을 놓친다.

최저가 매수 또는 최고가 매도는 실패하기 쉽다. 주가의 앞일은 모르는 것이기 때문에 실패하지 않으려면 하락하면 사고 상승하면 판다고 하는 것으로 충분하다. 또한, 하락하면 팔지 않고 오르면 사지 않는 것으로 충분하다. 어디가 최고가이고 어디가 최저가인지는 지나고 난 다음에 밖에 모른다.

한창 진행되고 있을 때는 프로를 포함하여 아무도 모르는 것이다. 여러 그럴듯한 예측이나 의견은 나오지만 전부 어림짐작이다. 주식은 팔기 어려운 곳에서 하락이 시작되고 사기 어려운 곳에서 올라간다. 팔리지 않는 팔기 어려운 곳에서 팔고, 살 수 없는 사기 어려운 곳에서 산다고 하는 것만으로 충분하다.

매도 시기를 놓치면 손해의 원인이고 벌리지 않으면 손해이다. 그 중간은 없다. 그러므로 무엇이든 좋으니 벌리면 된다. 조금이라도 벌리면 괜찮다고 하는 것이 정답이 된다. 주식을 팔 수 없다는 것은 위험한 상황이다. 모처럼 좋은 때 샀는데 조금 더 높은 시세에서 팔려고 주저하다가 팔 수 없게 되어 버린다. 또는 이렇게 적은 이익은 싫다고 생각하여 매도 시기를 놓쳐 버린다. 주식투자에서 실패하는 사람 대부분은 80~90%는 이렇게 매도 시기를 놓쳤기 때문이다. 조금이라도 고가에 팔고 싶다는 생각이 매도 시기를 놓치게 되는 것이다. 신용대주거래는 기일이 오면 싫어도 손절매를 당하지만, 현물 주식은 매도 시기를 놓치면 재워두기가 되어 오랫동안 원금은 회수되지 않고 계속 잠자게 되어 버린다.

이론상으로 매도타이밍의 포착은 주가가 상승 중에 팔기보다는 최고가 후 하락하기 시작할 때 파는 것이 좋다고 한다. 하지만, 이론만으로 생각하면 그쪽이 시세차익을 최대한 얻을 수 있을 것으로 생각한다. 그러나 실제 매매에서는 그러한 일은 불가능하다. 최고가를 확인하고 깨달았을 때는 이미 최고가는 과거에 찍고, 현재는 주가가 대폭으로 하락하는 시점일 때가 잦다. 그리고 일단 하락으로 돌아선 이후에는 팔기도 어렵고, 결국은 처음 생각하고 있었던 것보다 훨씬 낮은 주가에 팔 수밖에 없다. 그러므로 오르고 있을 때, 모두가 팔기 전에 매도하는 것이 가장 성공의 효율이 높다. 주식을 매도하여 이익을 실현하고 난 후에는 주가가 올라도 좋다고 생각하면 되는 것이다.

원칙❸ 고수익보다 확실한 이익을 선택한다.

문제는 얼마나 상승하고 하락하였나이다.

주식을 팔 때 지금까지 오른 최고가를 참고하거나 매도 목표로 하거나 하는 예도 있다. 그러나 그 최고가가 당시 어떠한 상황에서 어떠한 전반적인 장세에서 나왔는지 문제이다.

주가는 세상의 무수한 사건을 반영하여 오르내린다. 당시와 현재의 환경의 차이를 생각하지 않고, 주가만을 단순하게 비교하면, 완전히 무의미한 일이 되어 버린다. 심리적으로 그것을 앞으로 주가의 전망을 점치는 결정적인 것으로 여기면 매도 시기를 놓쳐 버리게 된다. 최고가 매도만 고집하면 손해는 있어도 이익은 없다.

오히려 최고가가 아닌 매수가에서 얼마나 올랐는가가 더 큰 문제다. 「주가는 상승과 하락이 30% 미만이다.」라고 하는 말이 있다. 주위의 주가 상승 기대로 최고가에 매수매도를 하지 않도록 하는 격언이다. 주위에서 기뻐 날뛰는 강세 장세에도 저가에서 30% 상승한 정도가 전환점이 되는 경우가 많아서 자기만은 그 분위기에 끌려 들어가지 않고 매도를 하는 것이다. 문제는 주가 수준보다 매수가에서 지금까지 얼마가 올랐고 내렸는가? 이다.

이익이 발생하면 서두르고 주저하면 놓친다.

한 번에 많이 보다, 여러 번 조금씩 번다.

아무리 시간이 걸려도 크게 벌고 싶다는 사람도 많다. 그러나 그렇게 되면 조금 더 조금 더 하면서 기다리게 되어 좀처럼 팔 수 없다. 그렇게 해서 이익금도 손에 넣지 못하고 오르내리는 주가를 곁눈질만 하고 언제까지 시간을 들여서 기다리는 것이 좋을까?

회전율까지 고려해서 자금의 효율적인 사용 방법을 생각해 보면 그것은 결코 좋은 방법이 아니다. 수익을 위해 매매한다면 이익 폭이 아닌 벌기 위한 시간이 중요해진다. 각각의 매매에서는 얼마나 많이 벌었는지가 아니라 얼마나 단기간에 벌었는지가 포인트이다. 조금 올랐다고 팔지 않고 오래 가지고 있기보다는 될 수 있는 한 자금을 회전시키는 것이다. 그리고 원금을 전체적으로 빨리 늘린다. 그것이 주식투자에서 돈벌이로서 방식이 된다.

목표는 2개월 정도의 단기에 팔도록 한다. 그것으로 순조로운 성과가 생기지 않을 때는 그 이상 장기간 가지고 있어도 그다지 의미는 없다. 변화가 심한 시대이기 때문에 언제 어떻게 될지 모르는 것이다. 시세의 이익은 자금만이 버는 것이 아니라 시간도 버는 것이다.

따라서 다음과 같이 하는 것이 좋다.

① 2개월 경과, 또는 10%의 이익이 난 것은 매매 한다.

② 2개월 전후의 시간이 다가오면, 이익의 폭이 10%보다 적어도 빨리 매매 한다.

③ 이상한 움직임으로 이익이 나는 매매를 할 수도 없을 것으로 전망된다면 2개월을 기다리지 않고 철수한다.

④ 2개월 이상 지나서 이익이 나는 매매가 되지 않는 것은 버는 것을 포기한다.

다음은 매수가에 구애받지 않고 시간을 막론하고 초조하게 굴지 않고 조금이라도 오르는 것을 기다렸다가 팔아 원금을 회수하도록 한다(연계매매). 단, 최저가에 파는 것은 절대로 좋지 않다. 그러나 너무 최고가로 팔려고 하면 매도 시기를 놓친다. 매도 시기를 놓치는 것보다 나중에 더 오른다 해도 조금만 이익을 보고 매도하는 편이 낫다.

신중하게 매수하여 재빠르게 매도한다.

처녀의 인생에는 무한한 장래성이 있지만 결혼해버리면 그 운명은 상대의 남자에 따라 결정된다. 주식시세도 사기 이전에는 무한한 가능성이 있지만 한 번 사버리면 다음은 자기 힘으로는 어떻게 할 수 없고 그 종목의 가격변동에 따라 결정된다. 가볍게 사서 신중하게(1원이라도 높게) 판다고 하는 경향이 있지만 반대이다.

- 뒤처리는 빠르고 가볍게 한다.
- 신중하게 사서 이익이 나면 재빠르게 판다.

매도주문이나 매수주문은 같은 주문이라도 결정적으로 틀리는 것이다. 위험으로 들어갈지 빠져나갈지 정반대이다. 산후에 기다려서는 안 된다. 빨리 팔도록 한다. 기다리는 것은 사기전에 하는 것이 옳다.

원칙❹ 이익이 발생하면 서두르고 주저하면 놓친다.

문득 생각했을 때가 절호의 기회다.

주식을 가지고 있으면 문득 「파는 것이 좋을까?」라고 생각할 때가 있다. 그러한 때는 단호히 팔아 버리는 것이 좋다.

「문득」이라고 하는 것은 느낌이지만 시세는 어차피 이론으로는 결정할 수 없다. 대개는 그때 이성(실제로는 욕망)을 움직이게 하여 「잠시 기다려 조금 더 오르는 것이 아닐까?」, 「지금도 벌리지만 조금 더 오르면 팔자」라고 다시 생각해서 파는 것을 그만둔다. 그러나 나중에 되돌아보면 「문득」 생각했을 때가 실제로는 절호의 기회고 좋은 매도 시기였다고 하는 경우가 많다.

「조금 더」라고 기다리거나 주저해서는 대게 매도 시기를 놓친다. 더욱 오른다고 생각하는 곳에서 반대로 하락한다. 팔 것인가 팔지 않을 것인가 망설일 때도 또한 절호의 매도 시기가 된다.

매수는 당황하면 최고가에 사게 되는 경우가 많으므로 차분하게 기다려도 괜찮지만, 주식시세는 대부분은 하락하는 속도는 빠르고 매도의 적령기는 짧아서 매도 결단은 빠른 쪽이 좋다. 하락한 시세가 일시 회복할 때 팔려고 해도 회복해도 바로 하락해 버리기 때문에 상당히 붙잡기 어렵다.

좋은 공이 왔다고 생각하면 망설이지 않고 친다. 다음의 좋은 공을 기대해도 더는 오지 않는다. 더욱 오를 것으로 생각하고 있으면 간발의 차이로 절호의 매도 기회를 놓친다. 스포츠와 같아서 승부는 일순이다. 살 때는 「잠시 기다릴 수 있다」로 좋지만, 「매수는 느리게 매도는 빨리」라고 하듯이 「매도」는 서둘러야 좋으며 「주저」는 악덕이다.

주식시세의 흐름에 휩쓸리지 않는다.

주식시세의 흐름에는 폭포(폭락)가 곳곳에 있다. 기운 좋게 흘러내리는 폭포도 그 물이 떨어지는 곳의 앞에서는 여유 있는 표정을 보인다. 주식시세의 폭포도 그 직전까지 거의 아무에게도 보이지 않는다. 폭포 따위 있을 리가 없다고 하는 것 같은 안정된 표정(전반적인 상황)을 보여주고 있다. 그리고 그것이 나타났을 때는 이미 늦어 도망칠 수 없다. 즉, 많은 생각 끝에 「매도」라고 결론이 나왔을 때는 늦은 것이다. 느낌으로 가는 수밖에 없다.

원칙❹ 이익이 발생하면 서두르고 주저하면 놓친다.

73

그러므로 흐름을 타도 휩쓸리지 않거나 폭포에서 떨어지지 않도록 헤엄쳐야 한다. 수련 중에는 폭포가 언제 눈앞에 나타나도 괜찮도록 흐름을 타더라도 폭포에 다가가기 전에 한참 앞에서 내린다. 그렇지 않으면 위험을 즐기는 것보다 잃어버리는 것이 훨씬 많아진다. 그리고 만약 자기의 솜씨가 늘어서 성공투자자가 되어, 어떻게든 폭포의 출현을 예상이라도 할 수 있게 되면, 그때는 승부를 겨루어 끝까지 버틴다.

희로애락은 눈앞에서 결정된다.

사람은 앞일에 대하여 좋아질 것이다. 나빠질 것이라고 여러 가지를 생각하면서 살고 있다. 그러나 눈앞의 흐름에 대하여는 그것이 앞으로도 계속될 것으로 생각하게 된다.

미녀가 윙크하면 멍해져서 그 순간 다른 일은 눈에 들어오지 않게 된다. 보유주식이 급등하는 것 같은 가격변동도 눈앞에 나타나면 행복해져서 다른 것이 눈에 들어오지 않게 된다. 인간은 바로 눈앞의 현상으로 희로애락을 좌우 당한다. 눈앞의 것이 전부가 되는 것이다.

그러므로 눈앞에서 주식시세의 급락 또는 폭락을 만나면 장기적으로 생각하려고 해도 장래에 대한 불안으로, 경제의 장래보다도 자기의 마음이 어두워져 「분노」와 「슬픔」이 깊어진다. 하락장세가 다가오기 전에 한창 상승일 때 팔아 두는 그것이 언제든지 「기쁨」과 「즐거움」으로 유쾌하게 살 수 있게 된다.

원칙❹ 이익이 발생하면 서두르고 주저하면 놓친다.

단기간에 버는 것이 성공의 열쇠이다.

장기 보유는 이익이 많지도 안전하지도 않다

주식은 오를 때까지 장기간 가지고 있으면 「안전」 하다고 하는 보증은 어디에도 없다. 장기 쪽이 범위가 넓은 만큼 「더욱 비싼 가격」 이나 「더 싼 가격」 을 매길 가능성이 있다고 하는 것뿐이다.

예를 들면 1,000원으로 산 것이 1,500원이라고 하는 값을 매기는 기회는 1개월과 1년이라고 하는 기간을 비교하면 1년간이 가능성이 크다고 하는 것이며 그 대신 600원이라고 하는 값을 매길 가능성도 1년간이 많다고 하는 것뿐으로 가격 상승의 가능성과 가격하락의 위험성은 장기든 단기든 변함이 없다. 장기 간이 기간이 긴 만큼 보다 높은 가격이나 더욱 낮은 가격을 매길 가능성이 있다고 하는 것뿐이고 때에 따라서는 도산해서 0원이 되는 일도 있다.

안전한지 어떤지 하는 것은 「최저가 매수=안전, 최고가 매수=위험」 이라는 등식이 된다. 장기투자는 정확하게는 차분하게 기다려서 최저가에 산다고 하는 의미이며, 저가라고 생각하여 매수한 종목이 매수하자 가격이 하락하면 매수가격으로 돌아올 때까지 「장기」로 차분하게 기다린다고 하는 것은 아니다.

그러므로

- 「장기≒최저가 매수」 라고 할 수 있기에 「장기≒매수=안전」 이라고 하는 식이 성립하는 것이다. 이런 경우 중간을 건너뛰고 매수가와 관계없이 「장기=안전」으로 판단하여 결부시키는 것은 잘못된 생강이다. 또한
- 「장기=대폭 이익」 에 대해서도 정확하게는 「장기≒저가 매수, 고가 매도 가능성=큰 폭의 이익」 이라고 하는 것이며 항상 「장기=대폭」 이 성립되는 것은 아니다.

대폭의 이익을 내는 투자는 투자 기간의 장·단기 여부 구애될 것은 없다. 저가 매수하여 고가 매도하는 것만으로 그런 투자 성과를 얻는 데 오래 걸리기도 하고 빨리 끝나기도 한다. 요점은 얼마나 저가에 매수하여 고가에 매도할 것인가라는 것뿐이다.

원칙❺ 단기간에 버는 것이 성공의 열쇠이다.

전망은 미래가 될수록 빗나가게 된다.

인간 누구라도 장래의 일은 알 수 없다. 5년 앞의 미래, 10년 앞의 미래 사회가 어떻게 되고 있을지 공상을 할 수 있다. 그러나 현실에 이렇게 되고 있다고는 아무도 말할 수 없다. 되어 보지 않으면 모른다고밖에 말할 수 없다. 현대사회의 진보와 발전은 급격하고, 장래가 되면 될수록 상상할 수도 없는 사건도 점점 일어난다. 그것보다도 1년 앞, 반년 앞, 더욱 가깝게 다음 달 일이 됨에 따라서 그다지 큰 변화는 없을 것이라고 예상할 수 있다.

그러므로 내일은 어떻게든 짐작할 수 있다. 다음 달의 일이 되면 조금 희미해져 온다. 내년의 일이 되면 그것은 이미 대부분 자신에게 형편 좋은 희망이나 공상이 되어 버린다. 즉, 내년의 일을 미리 말하면 웃음거리가 된다. 앞의 일을 모른다고 하는 의미는 예상은 누구나 세울 수 있다. 그러나 지금 세운 전망이 맞을 가능성은 장래가 멀수록 적어진다고 하는 것이다. 오랜 시간이 지나면 세상의 사정은 멋대로 조금씩 바뀐다. 따라서 누가 세운 전망이라도 주식을 샀을 때 애초의 목적으로부터 어긋나게 된다.

주식을 매수하면서 노린 근거 즉, 토대 자체가 바뀌는 것이다. 유망하다고 생각해서 구축한 근거라도 정신이 들어 보면 토대는 흰개미의 둥지가 되어 있었다고 하게 될지 모른다. 그만큼 위험의 요소가 커진다. 게다가 그때의 주가는 그 사건에 대한 투자자의 반응으로 그들의 판단이나 행동까지 읽어야 한다. 이것은 정말로 위험이 커지는 것으로 일반 사람들은 좀처럼 할 수 있는 것이 아니다.

주가의 예상은 유해하고 무익하므로 하지 않는 것이 더 낫다. 돈벌이에 연결되지 않고 아니 오히려 손실의 원인이 되기 때문이다.

클라이맥스는 한순간이다.

누구나 주가가 오르는 쾌감을 잔뜩 느끼고 싶다. 그러나 기쁨에 떨리는 것 같은 상한가는 순식간에 지나가 버린다. 최고의 순간은 몇 번이고 자주 오지 않고 한순간이다. 언제까지나 계속되지 않는 것이다. 언제까지라도 즐기고 싶다고 욕심을 부리면 실패한다.

원칙❺ 단기간에 버는 것이 성공의 열쇠이다.

실제 전쟁에서도 상대를 철저히 궁지에 몰아넣고, 단숨에 철저하게 지배하려고 하면 필사적인 반격을 받아 모처럼 얻을 수 있었던 승리의 사냥감을 놓쳐 버리게 되기도 한다. 승리에 편승하여 기뻐하고 있으면 역전패 전쟁이 되기도 한다. 이긴 전쟁은 재빨리 물러나서 적당한 사냥감을 가지고 자세를 가다듬고 상대가 약한 상태를 보면서 또 서서히 공격하는 것이 좋다.

세상은 좋고 나쁜 것 2가지이지만 그렇게 좋은 이야기가 언제나 있을 리 없다. 즉, 한창때 꽃의 생명은 짧은 것이다. 시세도 좋은 시기는 오래 계속되지 않고 움직이지 않는 시기는 길다고 하는 전제로 대처할 필요가 있다. 오히려 나쁜 쪽이 많다고 생각하는 편이 낫다. 주식에만 오랜 번성을 기대해도 그렇게는 되지 않다. 그러므로 주식은 계속하여 하락해 가는 것이다. 따라서 신용(융자) 매수주를 6개월의 기일까지 가지는 것은 대부분은 거듭해서 실패하게 된다.

투자패턴을 바꾸어도 벌리지 않는다

보통은 주가 하락의 불안을 느끼지 않도록 장기투자로 가는 것이라고 자신에게 타이르면서 주식을 사는 일이 많다. 그러나 본심은 대부분은 당장 가능한 한 빨리 조금이라도 괜찮으니까 벌고 싶은 것이다. 그러나 좀처럼 이식매매가 되지 않고 그 후 주가의 하락으로 기대와 달리 장기 작전으로 바꾸어서 계속해서 보유하게 되는 것이다.

「장기투자자란 실패한 단기투기자이다.」라고 한다. 그러나 단기투자의 목표는 성공도 실패도 단기투자로 결론을 짓는다. 도중에 변경해 보아도 도리어 목적이 엉망이 되어버려 제대로 되지 않는다. 시간에 희망을 걸어도 시간이 흐를수록 플러스 요인보다 마이너스 요인이 늘어나는 경우가 많다. 또한, 애초부터 장기목표라도 1~2개월이 지나면 샀을 때의 의도와 그 후의 사정은 많이 바뀌어 있다. 그것을 무시하고 계속해서 가지는 것은 위험한 일이다.

장기라고 하는 것은 사기전에 「기다린다」라고 하는 것이다. 그리고 투자 대상으로 장기 대폭의 이익이 목적이라면 주가가 하락한 좋지 않은 종목은 팔고, 고가이지만 좋은 종목을 산다고 하는 사고방식이라도 어쩔 수 없다.

그러나 단기 소폭의 이익을 노리는 것이라면 주가가 시황 대비 최저가로 하락한 종목은 사고, 주가가 상승하는 종목이라도 계획한 소폭의 이익이 발생하면 판다는 것이다. 그리고 단기 대폭이라고 하는 것은 극히 드문 것으로 좀처럼 없다. 그러므로 계획한 소폭의 이익이 발생하면 매도하여 조금씩 이익을 늘려가는

원칙❺ 단기간에 버는 것이 성공의 열쇠이다.

것이다.

프로도 단기투자를 한다.

안전한 투자를 생각하는 기관투자자도 최근에는 단기 지향이 되고 있다. 예를 들면 투자신탁의 운용 등은 정말로 치킨 레이스라고 말할 수 있다. 펀드 운용 경쟁에서 성과를 내려고 매수한 종목들이 주가가 적정선을 돌파하여 과열로 높게 오르다가 갑자기 급격하게 하락하면 타사보다도 운용성적이 나빠지게 되어 펀드 운용실적의 경쟁에 뒤처져 투자자에게 외면당하기 때문에 최근에는 펀드 운용이 단기 지향이 되고 있다.

본래 투신사 등 기관 등의 주식운용사는 기업연금 등을 장기 운용 자산으로 구성하여 투자 종목이 오르는 종목이라도 추격매수를 하지 않는 장기투자를 지향한다. 그러나 거품경제의 붕괴 이후 주가는 하향이기 때문에 비교적 저가 종목을 매수하였지만, 또다시 주가가 하락하여 운용실적이 나빠지기 때문에 단기매매를 하지 않을 수 없게 되었다.

더욱이 수수료 자유화 이후 증권회사의 자기 자금을 운용하는 증권사 사원이 아닌 사외 펀드 운용 딜러(자산운용사 및 자문사 등)들과 계약에 따라 운용하는 경우가 많아 더욱 단기매매를 하게 되었다. 자산운용사 등은 운용이익 대비 몇 %가 자기의 몫이 되기 때문에 자금 운용을 단기매매로 빈번하게 한다.

또한 헤지펀드(또는 외국인 투자자)도 그 이름처럼 위험 분산 즉, 매도주를 이익의 기둥으로 하고 선물·옵션 등의 금융 파생상품 거래를 사용하여 스스로 하락 시세나 주기가 짧은 급격한 오르내림을 일으켜 그것으로 벌고자 하는 것이다.

거품경제 시대를 되돌아보면 그 세력들의 대량 자금이 벤처기업주 및 정보통신주의 거품을 일으키고, 그 후의 붕괴과정에서 보듯이 그러한 종목이 일제히 하락할 때 그들은 빠져나가고 개인 등 모두가 매도에 집중하면서 주가는 폭락하여 매수가의 몇 십분의 일이 되어서, 거기서 빠져나오지 못하고 희생된 것이 개인투자자들이다.

원칙❺ 단기간에 버는 것이 성공의 열쇠이다.

시간에 맡기는 것은 운에 맡기는 것과 같다.

장기투자는 도박이 된다.

현재의 일본경제는 그전의 거품이 붕괴하여 *디플레이션 스파이럴과 불량채권으로 고생하고 있지만, 이것을 그 거품 당시에 예측할 수 있었던 사람은 얼마 안 된다. 그리고 이후 이 불황으로부터 언제 탈출할 수 있는지 확실히 말할 수 있는 사람은 적다.

오늘날과 같은 사회에서 돈까지도 컴퓨터로 거래하고자 하는 사회는 10여 년 전까지는 상상도 할 수 없었다. 어쨌든 미래에는 여러 가지 생각도 하지 않았던 일들이 조금씩 일어난다.

---

* deflationary spiral; 디플레이션은 물가가 내리는 현상을 뜻한다. 디플레이션은 경기가 나쁠 때를 말하며, 불경기 때문에 일어난다. 공급이 수요보다 많아서 일어난다. 디플레이션의 악순환이 계속 반복하는 것을 디플레이션 스파이럴이라고 한다.

기업도 2~3년 앞의 사업실적은 예상할 수 있지만, 그보다 미래의 숫자는 수요구조가 조금씩 변화되고 있기에, 단순한 계획이나 노력하고자 하는 목표에 지나지 않는다. 10년 앞의 미래는 잘 모르는 것이다.

그러므로 장기투자가 안전하다고 하는 것은 반대이다. 그것은 일의 과정에는 눈을 감고 아무것도 생각하지 않고 결과는 시간에 맡겨버린다고 하는 「미래」에 대한 위험한 내기가 되어 버린다. 모르는 일에 거는 것은 단순한 도박이다.

그러므로 장기투자라고 하는 것은 착실하게 벌어 가는 비즈니스적인 방식이 아니고 큰 이익을 노리는 사람이 모험적으로 하는 방법이 되어 버리는 것이다. 언제가 될지 모르고 예측도 할 수 없는 장래의 이익 때문에 현재의 귀중한 자산을 바친다고 하는 것은 그다지 좋은 방법이 아닐 것이다.

이익매매가 되지 않으면 재워두는 것이 습관이 된다.

살 때는 많이 생각하고, 산 후에 주가 변동에 관심을 두지만 순조로운 이익매매가 되지 않고 있으면 점점 관심이 없어져 무

원칙❻ 시간에 맡기는 것은 운에 맡기는 것과 같다.

심코 그대로 둔다.

보유주식은 가격이 하락하고 있고 지금 즉시 돈의 필요성이 없어 달리 갈아탈 좋은 종목도 없는 경우 결국 느긋하게 두고 지내게 된다. 그리고 그것이 주식투자에서 있어서의 습성이 된다. 주식은 휴지 조각이 되어 버릴 때도 있다. 그리고 그렇게 되기 전에도 좀처럼 알 수 없다.

그러나 투자실패자처럼 하락한 주식이지만 팔지만 않으면 언젠가 매수가인 원가로 돌아가 손해는 안 볼 것으로 생각하고 어떻게든 될 것이라고 느긋하게 기다리며, 그럭저럭 6개월 또는 1년 아니 5년, 10년도 그렇게 기간이 지나면 팔지 않는다고 하기보다 팔 수 없는 투자자라고 하는 습성이 완전히 몸에 배게 되는 것이다.

2~3개 종목을 사서 그대로 몇 년이나 단지 계속해서 가지는 것만으로는 아무리 시간이 흘러도 투자실패자에서 빠져나갈 수 없다. 그래서는 장롱 속의 운전면허증과 같다. 사고도 일으키지 않고 위반도 하지 않지만, 자동차 운전면허증이 있다는 아무 이용 가치가 없는 것에 불과하다. 주식투자에서 매매하여 버는 것이 아니라면 투자자로서는 시체와 다름없다.

주식투자의 목적은 원금이 감소하는 것을 방지하기 위해 팔지 않는다는 것이 아니고, 투자 기간을 이용해서 적극적으로 원금을 늘려가는 매매를 실천하는 것이다. 그것이 예금 또는 적금이나 채권과의 차이다. 그러므로 「주식은 팔아서 돈으로 만들어라.」 라고 한다. 수련하는 기간일수록 조금씩이라도 괜찮으니까 여러 종목을 조금씩 매매하여 주식시세에 친숙해지고 투자적인 사고방식이 몸에 스며들고 느껴지도록 해 두는 것이 좋다.

한 종목에 집중하면 집착하게 된다.

한 개의 종목을 대량으로 몇만 주를 사는 집중투자를 하면 예상을 맞추었을 때의 이익이나 틀렸을 때의 손해 금액이 크기 때문에 그 종목에 집착하게 된다. 주식은 집착하면 이익이 나는 매매를 제대로 하기 어려워져 그만큼 지속 기간이 길어진다.

그러나 아무것이나 그 종목과 운명을 같이하고자 하는 것이 아니다. 하나의 돈벌이 수단과 도구로서 그 회사의 주식을 이용하는 것일 뿐이다. 그러므로 벌게 해 주는 것은 그 종목밖에 없다고 하는 일은 없다. 돈벌이 대상에는 몇백 종목의 주식이 있다. 자기의 손이 닿는 범위에서 또한 자금에 맞는 가격 안에서 벌게 해 주는 것이라면 무엇이든지 좋은 것이다.

주식도 분산 투자하면 1 단위(10주~1,000주)의 보유주식이라

원칙❻ 시간에 맡기는 것은 운에 맡기는 것과 같다.

87

면 그다지 강한 집착은 생기지 않는다. A 종목이 안 된다면 B 종목이 벌어 준다. A는 적당한 시기에 잘라내면 된다고 하는 느낌으로 가볍게 갈 수 있다. 그러므로 몇 개의 종목이라도 어쨌든 분산하여 투자하는 것이 좋다.

분산하여 투자하면 즐겁게 투자할 수 있다.

주식도 여러 종목에 투자하고 있으면 어느 종목인지는 몰라도 조금씩 이익을 얻을 수 있게 되어 즐거움이 많다. 집중하는 종목의 주식이라면 실패했을 때 꼼짝도 못 하게 되어 버리지만, 분산시켜 두면 모든 종목이 실패하는 일은 있을 수 없어서 개중에는 실패한 것이 있어도 거기에 사로잡혀서 끙끙 앓지 않아도 되고 기분도 풀린다.

투자는 심리전쟁이기 때문에 매일 즐겁게 할 수 있다고 하는 효과는 절대적이다. 종목도 기회도 얼마든지 있기에 가능한 한 광범위하게 그것들을 이용하도록 하는 것이 좋다. 그리고 팔 때도 만약 복수 단위로 가지고 있으면 당연히 조각조각으로 판다. 최고가는 잡을 수 없기 때문이다.

1종목 1단위라고 하면 종목의 수가 지나치게 많아져서 시선이 미치지 않는다고 생각될지도 모른다. 그러나 그것은 각 종목에서 최고의 매매를 하려고 하고 있기 때문이다. 그렇게 주의하면서 좋은 결과를 내려고 해도 소수 종목으로는 불가능하다. 그러므로 그러한 일은 개의치 않는다.

최고가 아닌 더 좋은 것으로 충분하므로 내버려 두면 된다. 그리고 주의가 필요한 주식에 대하여 이익이 나는 매매를 해 간다. 매매의 기회를 놓친 종목도 그쪽이 결과가 오히려 좋았다고 하는 경우도 자주 있다.

또한, 조금씩 원금이 늘어나고 종목도 증가하면 큰일이라고 생각할지도 모른다. 그러나 그것도 그렇게 되기 전부터 걱정할 필요는 없다. 성공투자자가 되고 나서 생각하면 된다. 그때까지는 걱정하는 것보다는 얼마나 벌지를 열심히 생각하면 된다.

원칙❻ 시간에 맡기는 것은 운에 맡기는 것과 같다.

주가의 미래는 예측할 수 없다.

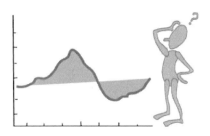

주식시장은 실패를 되풀이하는 전쟁터이다.

세계 사람들의 생각이 모여서 변화되어 가는 주가의 장래를 정확하게 전망할 수 있는 것은 신뿐이다. 즉, 아무도 할 수 없다. 따라서 주식의 매매는 투자자에 있어서는 불확실성에 대한 도전이 된다. 그리고 주식시장이라고 하는 것은 누구에게 있어서도 언제까지라도 되풀이하는 실패하는 심리전 전쟁터이다.

주식시장뿐만 아니라 외환시장이나 채권시장에서도 시세에 큰 영향을 주는 것은 투자자의 심리적인 요인이다. 시세는 최종적으로는 펀드멘탈(fundamental)에 근거해서 가격이 결정되어 간다. 그러나 때로는 모든 투자자 대다수가 연구하고 분석한 판단과는 전혀 반대로 움직여 그들을 큰 손실로 몰아넣는 일이 있다. 시세관(시세전망)이 지나치게 일방적이어서 거기에 반대인 움직임이 보이면 일제히 「저질렀다」 라고 하는 연쇄반응이 일어나서 시세를 반전시킨다.

전쟁의 행방이나 시세를 읽을 때 동일한 경험과 정보를 바탕으로 판단한다면 최근의 가격변동을 보아도 알 수 있듯이 종종 일방통행의 움직임이 생긴다. 모두 똑같은 생각으로 행동하면 동일한 손해를 보는 투자실패자가 된다. 대다수로부터 빠져나가 자기만은 시세의 의외성에 걸거나 강세일 때에 약세를 전망하는 심리적인 여유가 필요해진다.

내일이 아닌 2개월 앞을 생각한 매매를 한다.

주식시세에서는 어제까지의 과거 주가 변동의 이유를 생각해도 무의미하다. 그래서는 과거부터 현재까지의 자기의 기분을 납득시킬 뿐 미래를 향한 전략은 나오지 않는다. 그러한 방식은 놀이가 되어 버린다.

원칙❼ 주가의 미래는 예측할 수 없다.

내일모레 눈앞의 일만 생각해서 매매하면 안 된다. 시세가 대폭 올라가 최고가 근처에 이르면 그다지 사고 싶지 않던 투자자도 매수하고자 하여 위험이 발생한다. 매수하는데 늦다고 생각되면 더욱 안달하게 되어, 내일모레는 더 오를 거야 하면서 생각할 틈도 없이 대량으로 매수하곤 한다.

그러나 급등 종목이나 언론 등에서 매수 추천종목 등 동향이 속출할 때는 더 늦기 전에 주식을 매수하는 것이 아니고, 손익을 막론하고 보유주식을 팔아야 한다. 그것은 잘 팔지 않고 거꾸로 매수한다는 점이 주식의 무서움이 있다.

「사람이 가는 뒤에 길 있고 꽃이 산이다.」이라고 옛날부터 인기의 뒤를 가는 것이 성공의 길이라고 말해지고 있다. 시세의 앞날은 모르는 것이다. 제멋대로 깊이 생각해서 시세에 빠져 버리는 것은 이미 싸우기 전부터 패배라고 하는 것을 뜻하고 있다. 지는 전쟁은 하지 않는 것이 더 낫다.

내일모레가 아니고 언제든지 1～2개월 정도 앞은 어떻게 될 것인가를 생각해 둔다. 생각해도 알 수 없지만, 기분만은 1～2개월 후로 눈을 돌려서 현재의 매매를 해 나가도록 한다. 현재 주가가 하락하여 싸지게 되는 1～2개월 후 정도에 3～4% 이상 오를 것 같은 것을 고르고자 하는 사고방식이 좋다. 그러므로 매매 직후 역방향의 가격변동을 걱정해 보아도 의미는 없다.

시작은 순행매매 나중에는 역행매매 한다.

　주식시세가 떨어지기 시작했을 때 「이상하다.」라고 느끼는 일이 있지만, 대부분은 단순한 조정으로 또 오르기 시작할 것으로 생각해버린다. 그리고 무심결에 *물타기 매수나 늘린다고 생각하여 또 사버린다. 그런데 그 후도 계속해서 하락하여 끝까지 내려간 부근에서는 포기해서 일부러 늘린 주식 수도 팔아버리는 경우가 많다.

　그럴 때는 반대이다. 주식시세는 일단 상승이나 하락을 향하면 당분간은 계속된다. 그러므로 처음에 그것을 탄다. 전환점은 처음에는 불확실하므로 타기 어렵고 배짱이 필요해진다. 그러나 「시작은 순행매매, 나중에는 역행매매」라고 하는 것이 정답이다. 즉, 내려가기 시작한 때에 사서 내려가고 나서 파는 것이 아니라, 가능한 한 내려가기 시작한 때에 일단 팔고, 하락세가 멈추었을 때 재매수 하도록 해야 한다.

　보유 종목이 상승하면 이익 나면 매도할까? 더 매수하는 것이 좋을까?

---

*팔 때는 시세가 오름에 따라 점점 파는 수를 늘리고, 살 때는 내림에 따라 사는 수를 차차 늘리는 방법으로, 평균 단가를 조정하여 손해 위험을 줄이려는 주식 거래 방법.

원칙❼ 주가의 미래는 예측할 수 없다.

원칙은 「이식매도」이다. 더 매수해서는 안 된다. 오르면 매수가 아니라 매도다. 또 하락한 때에 물타기를 할 것인가? 연계매매 할 것인가? 손절매를 하는 것이 좋을까? 하락하면 매도가 아니므로 거기에서는 매도도 매수도 하지 않는다. 원칙은 일시 회복하는 것을 기다려 「연계매매」를 하는 것이다.

매도 시기의 기준은 없다.

매도 후에 오를지도 모른다고 생각하면 좀처럼 매도할 기분이 들지 않는다. 그리고 무심결에 언제까지라도 투덜투덜 계속해서 가지고 있게 되어버린다. 그러나 보유주식이 값이 올라서 행복(최고가=끝)이 느껴지는 근처에서는 팔아야 하고, 보유주식이 조금씩 떨어져서 절망(최저가=시작)을 느끼는 시기에는 사야 한다.

행복이나 인생의 오르막이라고 하는 것은 그것이 표면에 나타나 눈에 보여서 행복감을 실감할 수 있는 때는 사실은 이미 내리막길에 들어서 있는 것이다. 인생에서도 주가에서도 자신이 터닝포인트(Turning Point)를 인식할 수 있는 것은 생각만큼 쉽지 않다.

정계·실업계에서도 정점에 오른 사람이 그 점을 인식하지 못하고 지나쳐서 전락해버리는 등의 일은 우리가 매스컴을 통해서 때때로 보고 듣는 것이다.

저가에 사고 고가에 팔아야 큰 이익이 발생하는 것이다. 하지만 매도해야 한다고 알았을 때는 이미 하락하고 있고, 살려고 하면 많이 오른 것 같아 살 수가 어렵게 된다. 이래서 팔지도 사지도 못하거나 심리적으로 견디지 못해서 많이 오른 다음에 사게 되고, 많이 내린 다음에 사게 되는 것이다.

처음부터 매도 주가는 어떠한 때에 팔면 좋으냐는 명백한 기준 등은 없다. 그럴듯한 사고방식은 여러 가지 전해지고 있지만, 어림짐작이나 자신에게 적용하기 어려운 억지이다. 그것을 믿고 있으면 나중에 「이런 속았다」라고 하게 된다. 자기의 느낌과 재치를 능력으로 활용하는 수밖에 없다. 그러므로 보유한 주식이 10% 정도 올라 조금의 행복을 느끼기 시작할 때 행복감을 만끽하려고 기다리지 말고 주저하지 말고 팔아 이익을 취해 현금으로 하는 것이다.

원칙❼ 주가의 미래는 예측할 수 없다.

머리와 꼬리는 남에게 준다.

팔지 않는 핑계는 하지 않는다.

자기의 욕심으로 매도하지 않은 핑계를 하지 않는 것이 좋다. 머리가 좋은 사람일수록 이러쿵저러쿵 자신에게 유리한 정보를 받아들여서 매도하지 않는 핑계를 대지만 자기의 핑계대로 주가가 변하지 않는다. 오히려 자신이 원하는 시세로 움직임이지 않고 다른 방향으로 간다. 시황과 주가는 변해가는 것이다.

주식투자에서는 하기 쉬운 것은 대부분 틀린 것이 많고, 하기가 어려운 것은 맞는 것이 많다. 주가 변동은 사람들 심리의 변화이다. 그러므로 쉽게 날마다 오르내린다. 손해를 보지 않으려고 무슨 핑계든 하여, 하기 어려운 것을 하지 않는 자신을 정당화시킨다. 그런 것은 자기의 기대와 원망에서 오는 억지가 되는 경우가 많다. 쉬운 것은 돈이 되지 않는다. 하고 싶지 않은 어려운 것이 돈이 되는 것이다. 주식투자에서 필요한 것은 하기 쉬운 것을 하는 것이 아니라, 하고 싶지 않은 것을 할 수 있는 배짱이다.

현재는 정보화가 진행되어 전 세계의 투자자가 프로든 아마추어든 같은 정보를 바탕으로 경쟁하고 있으므로 유리한 이야기 따위는 어디에도 없다. 자신만이 시장을 앞지르는 일 따위 불가능한 것이다. 만약 큰 이익을 내고 싶다면 큰 위험을 견딜 수밖에 없다. 그러므로 벌기 위한 투자전략은 단지 하나로, 종목 다수에 투자해서 위험을 분산하고 조금이라도 벌면 좋다는 생각으로 남이 팔기 전에 자신은 팔아 쌓아 둔다고 하는 방식이다.

이식매매 후에는 재매수한다.

매도 후에 조금이라도 오르면 처음에는 안타까워도 참고 있지만, 주가가 더욱 급상승하면 무심결에 더 높게 상승할 것 같은 느낌이 들어 결국은 다시 매수하게 된다. 그러나 급등한 주가는 움직임이 심하여 금방 자신이 의도한 목표 주가에서 벗어난다. 그러므로 상승한 고가 영역에서 주식을 팔아 벌었다면 그것으로 훌륭한 것이다. 자신이 판 후에 주가가 더 올라서 다른 사람이 자신보다 더 벌었다 해도 개의치 않는다. 더 큰 욕심을 부리지 말고 냉정히 보아서 오르내림의 시세 차이를 이용하여 남기는 것이 가장 좋다.

머리와 꼬리는 타인에게도 주고 자신은 한가운데의 맛있는 곳만 가지면 된다. 판 뒤 오르면 화가 나는 것은 당연하지만, 거기에서의 재도전은 때때로 최고가에 매수하여, 당하는 것이 대부분이다. 국지전에 구애받지 않는다. 그러한 일이 목적이 아니므로 투기는 각각의 세세한 결과가 아닌 원금 전체를 몇 배로 늘린다고 하는 더 장기적으로 큰 폭의 큰 이익을 목표로 삼는 것이다. 머리와 꼬리는 다른 사람에게 주면 되는 것이다.

장사를 아는 세일즈맨은 사줄 때 판다.

주식시세의 움직임은 오르거나 내려가거나 해서 최저가의 매수시기, 최고가의 매도 시기를 상대편에서 제공해 오는 것이다. 투자자가 시세로 번다고 하는 것은 그 변동과 예측의 기복을 이용하여 매매해 두 시세의 차액을 버는 것이다. 이치를 생각하지 않고 내리면 사고 오르면 판다. 단순히 시세의 기복에 맞춰서 그 기복에 편승하고자 하면 된다.

어떤 매매라도 돈벌이라고 하는 것은 세상의 시류에 편승하는 것이다. 파도치듯 내려갔으니까 사고 싶지 않지만 산다고 하듯이 기복에 맞추어 파도에 편승하도록 한다. 팔아야 할지 사야 할지 는 손익계산을 바탕으로 해야지, 자기의 욕심을 기준으로 해서는 좋지 않다.

주식은 왜 오르면 팔아야 하며, 하락하면 사야 하는가? 장사 에서 솜씨 좋은 세일즈맨이라면 자신이 좋은 때에 좋아하는 상 대에게 좋아하는 값으로 강매할 수 있다. 자기 능력과 관계없이 되어 가는 데로 맡긴다. 그것은 주가는 다른 사람들이 만드는 것 으로, 자신이 만드는 것이 아니기 때문이다. 따라서 남이 비싼 값으로 사줄 때 팔아버리지 않으면 나중에는 잘 팔리지 않게 되 어 버리는 것이다.

주가의 오르내림으로 울고 웃으면서 매매하지 않으면 기뻐하 거나 걱정하는 기분뿐이다. 그것은 주식투자를 놀이로밖에 하지 않는 투자실패자가 하는 것이다. 기뻐하지도 슬퍼하지도 말고 오 르면 팔고 내리면 산다고 하는 매매를 하는 것이 업무이며 성공 투자자가 되는 것이다. 놀이는 자기 마음대로 기분에 따라 해도 상관없지만, 업무는 마음대로 하고자 하는 기분을 억누르고 실리 를 찾아야 한다.

원칙❽ 머리와 꼬리는 남에게 준다.

주식시장은 인정 없는 세계다.

주가가 움직이기 시작할 때는 그다지 벌리지 않아도 손해만은 나지 않도록 세심한 주의를 하면서 여러 정보나 변화도 파악한다. 그러나 막상 바로 눈앞에서 오르는 것을 보면 앞으로도 오를 것으로 생각하여 사고 싶어서 참을 수 없게 되고, 하락하는 것을 보면 팔고 싶어진다.

그리고 잠깐 이익이 나는 매매가 계속되어 연전연승의 기미가 보이게 되면 자신이 하는 것은 옳다고 하는 생각이 들어 주의력도 산만해지게 된다. 주가에 대해서 가지고 있었던 무서움도 점점 엷어져 간다. 자연히 자기 생각에 맞지 않는 정보나 이야기에는 귀를 기울이지 않게 되어버린다. 그것이 인간의 자연스러운 마음으로 인정이라고 하는 것이기 때문이다.

그러나 목표가 몇 번 맞았다고 해서 자기 생각이 옳았다고 생각하지 않는 것이 좋다. 그것은 우연이다. 그러므로 투자자의 최대의 위기는 그러한 때에 생긴다. 돈벌이는 몰인정한 것이다. 친절하게 자타 모두에게 정을 주거나 자기만이 옳다고 생각해서는 돈벌이는 할 수 없다. 기업도 정리해고할 때 인정에 휩쓸리지 않고 비정하게 하지 않으면 망하게 된다.

그러므로 마음과 반대로 한다. 사고 싶어지면 팔아야 한다. 주가의 급등 장세는 대부분이 이익을 내는 매도를 할 절호의 기회다. 과열한 상승 시세의 마지막에는 매매가 등이 기록적인 수준에 달하게 된다.

「기록 돌파는 적신호」라고 각오하고, 깨끗이 청산할 수 있는지 없는지도 주식투자의 성공투자자와 투자실패자로 나뉘게 된다.

원칙❽ 머리와 꼬리는 남에게 준다.

3장

실패주를 살리는
연계매매

원칙

❶ 패전에서는 도망가는 것이 이기는 것이다.

❷ 실패하는 투자방식은 모두 버려라.

❸ 이제부터는 연계매매이다.

❹ 연계매매는 패자부활전이다.

패전에서는 도망가는 것이 이기는 것이다.

실패주로부터 도망치는 방법을 알아야 한다.

아무리 잘 준비했다고 해도 백발백중은 되지 않는다. 계속 손해를 보는 것도 있을 수 없지만, 매매 때마다 계속해서 버는 것도 불가능하다. 예를 들면, 어떤 전쟁이라도 반드시 전사자가 생긴다. 그것을 각오할 수 없으면 전쟁은 시작할 수 없다.

주식투자에서도 절대로 손해를 보지 않도록 승부를 겨루려고 해도 그것은 무리이다. 손절매되는 경우가 생기는 것을 각오하지 않으면 역동적인 매매를 할 수 없고, 매매하는데 긴장되어 옴짝달싹 못 하게 되어버린다.

원칙❶ 패전에서 도망가는 것이 이기는 것이다.

매도를 못 한 실패주(하락주)는 반드시 나오기 때문에 전쟁터 (하락장세)에서 벌려고 하지 않아도 좋다. 그러나 이익이 나는 매매를 할 수 없는 하락주로부터 도망치기 가장 어렵고 원금을 늘려간다고 하는 목적의 성과를 거두기 어렵다.

돈은 인간의 피와 땀의 결정이다. 즉, 돈은 곧 인간이 된다. 그러므로 돈을 잃어버리는 것은 자기의 육체를 깎아 내는 것과 같은 느낌이 든다. 하락하는 것을 알고 있어도 손해가 발생한다고 생각하면 기분적으로 돈의 위력에 매도하고자 하는 생각이 속박당해 움직일 수 없어져 좀처럼 손절매하지 못하고 상처가 커진다. 그러나 손해가 무서워서 혹은 신용대주거래에서 손해가 발생해서 지불할 돈이 없어서 팔 수도 없이 꼼짝도 못 한다고 하는 것은 최악의 상황이다.

결국, 지금까지 모처럼 쌓아 올린 이익을 손절매하지 않아 하락장세에서 실패주가 되어 결과적으로는 손실 매매가 되었다. 실패주로부터 도망치는 방법을 잘할 수 있게 되면 이익은 조금씩 쌓여간다. 소생할 가망이 없다고 피를 흘리는 것을 꺼리면 오히려 큰 부상이 된다. 승부에는 손해날 각오가 필요하고, 손해 없이 이길 수는 없다.

발생한 손해는 마이너스 이익이다.

주식투자는 고독한 전쟁이므로 매수 종목의 승패에 대한 판정은 자기 마음대로 무심코 길어지는 경향이 있다. 그러나 그것을 명확히 하여 성공·실패의 길목에서 진퇴의 방법을 정해 둔다. 실패할 때는 자금회수가 불가능하지 않게 도망치는 방법을 생각해 둔다.

우선 2개월 동안 움직이지 않아, 수익이 나는 매매를 할 수 없는 주식을 실패주로 결정하고, 더는 욕심을 부리지 않고, 도망치는 것이 이기는 것이다. 욕심을 부려서 우물쭈물하고 있으면 손해가 조금씩 커진다. 문제는 그때 실패한 매수 종목을 손해의 크고 작음에 상관없이 재빨리 결정하는 것이다. 나중에 크게 벌어서 되찾으면 된다고 생각하고 큰 금액의 손해라도 팔아버린다.

그러나 손해계좌의 크고 적음이 전체의 이익률을 크게 좌우한다. 그러므로 될 수 있는 한 손해를 적게 하여 남은 잔액으로 이익이 확실해지도록 해야 한다. 「손해」는 「마이너스 이익」이기 때문에 매월의 차감 이익을 절감하지 않도록 내려가는 중에는 팔지 않는 것이다. 만회를 위해 큰 이익을 노리는 것은 대개 실패한다.

원칙❶ 패전에서 도망가는 것이 이기는 것이다.

그래서 빠른 시기에 철수하는 것이지만 주가의 움직임을 파악하여 가능한 한 높은 곳을 기다려서 팔도록 해야 한다. 주식은 반드시 오를 때가 있다. 이렇게 올랐을 때가 도망칠 기회이다. 만약 수수료를 포함하여 비슷한 곳까지 오르면 무조건 팔아버린다. 목표한 비슷한 곳에서 도망칠 수 있으면 더는 바랄 게 없다.

또한, 목표한 주가까지 오르지 않을 때라도 목전의 최고가라고 생각되는 곳이 있으면, 하락 폭의 크고 작음에 얽매이지 말고 팔아서 자금을 회수한다. 올랐을 때 우물쭈물하고 있으면 오래 재워두기가 되거나 하여 자금이 잠들어버린다. 다시 출전하여 이길 수 있도록 가능한 한 병력을 잃지 않도록 하여 도망친다. 이것이 최선이다.

하락장세에 팔아서는 안 된다.

자기의 기분은 주가에 따라 움직인다. 손절매가 안 된 주식을 팔고 싶어지는 때는 종전 최고가에서 더 훨씬 하락한 때이다.

잘도 참고 견딘 끝에 하락장세의 끝자락에서 매수가의 80% 정도에서 더 이런 기분에서 벗어나고 싶어서 냅다 던져버리듯이 매도한 뒤 주가가 조금 더 내리기 전에 팔았다고 기뻐하는 것은 어쩔 수 없으나 매도 직후에 약간의 하락세에 그래도 팔아서 다행이라고 생각하는 것은 자기만족일 뿐이다. 그 후에 반등하였을 때 되돌아보면 결국은 최저가권 매도였다는 것이 된다.

이익이라고 하는 것은 주가 움직임의 최고가권(50% 이상)에 팔고, 최저가권(50%)에 사지 않으면 나오지 않는 것은 당연하다. 그러므로 하락장세에서 매수가의 80% 정도에서 팔았을 때 아직은 더 하락하기 전에 판 것이라고 위안하지만, 그것은 착각이다. 내려간다고 생각해서 팔아서는 늦은 것이다. 따라서 하락하면 팔지 않는 것으로 해야 한다. 그리고 오르는 경우 조금 더 오르면 팔자고 생각했을 때 바로 그 시점이 하늘이 주신 매도 기회가 된다.

나쁜 종목은 조금씩 팔아버리는 것이 좋다고 하는 것도 틀린 방식이다. 이길 수 있는 방식이라고 하는 것은 좋은 종목이든 나쁜 종목이든 오르내림은 있기에 어느 종목이라도 올랐을 때 판다고 하는 것이다. 나빠도 무한히 내려가는 것은 아니다. 한도 이상으로 하락하면 반드시 반등하는 것이다. 나빠도 한없이는 내려가지 않는 것이다.

원칙❶ 패전에서 도망가는 것이 이기는 것이다.

109

하락의 끝에서 오르면 긴장한다.

주가가 하락하면 걱정이 되어 「왜 내려간 것일까? 얼마나 내려갈까?」라고 소란을 피운다. 올라가면 안심하고 내버려 둔다. 그러나 그것은 반대이다. 벌 수 있는 사고방식이 아니다. 큰 폭으로 내려 평가손해가 커진 사람일수록 약간의 하락을 무서워해 팔고 싶어 한다. 그러나 그것은 좋은 매수시기일 확률이 높다. 내리면 오를 때까지 생각하지 않고 내버려 두면 된다. 그리고 오르면 언제 팔지 긴장하여야 한다.

사실은 내려가기 전에 「왜 내려갔는가?」라고 생각하는 사이에 팔아 두는 것이 최선이지만 그렇게 할 수 없는 사례가 많다. 그것을 할 수 없다면 하락하고 있을 때는 보유주식을 잊고 오를 때까지 내버려 두는 것이 차선이 된다. 내버려 두지 않고 팔아버리는 것은 최악의 수가 되는 경우가 많다. 마음에 둘 것은 가격하락의 불안이 아니고 올랐을 때의 매도타이밍이다.

하락한 종목이 걱정이기 때문에 팔아야 할 것인가 아닌가 생각하여 보유하는 것 중에서 이 종목은 아직 내려가지 않고 있어 걱정이 없지만, 만일 어쩔 수 없이 팔게 되면 나중에 되사서 손실을 줄일 수도 있다(현물 주식 연계매매).

도망칠 때는 연계하여 매매한다.

전쟁이나 게임은 패하고 있는 있을 때 작전이 어렵다. 패전도 잘할 수 있는 것이 명장이다. 지는 전쟁에서 유일한 방법은 「어떻게든 열심히 싸워 이기자」라고 생각하는 것을 그만두고 패배해서 분하다.」라고 패배를 인정하여 가능한 한 빨리 병사를 잃지 않고 전장에서 퇴각한다. 「도망치는 것이 이기는 것」이라는 작전이다.

「벌 수 있는가 아닌가?」는 좋은 매수를 한 것인가 아닌가에서 결정된다. 매수할 때 「종목, 매수가, 시기」라고 하는 3가지 조건을 확정한다. 그 조건으로 성공 여부가 결정되기 때문에 매수는 차분하고 신중하게 하는 것이다. 그리고 만약 3가지 요소 중 하나라도 잘 못 선택되어 있으면 즉, 하나라도 실패했다면 예를 들어 바닥시세라고 생각해서 샀는데도 더욱 내려가거나, 혹은 계속 오르지 않거나 하는 등, 또는 어중간한 경우 등, 어쨌든 자신이 샀을 때의 목표와 다른 것은 실패다. 값도 시기도 결과적으로 어중간하게 사버린 것이다.

그때는 이미 이익을 내는 데에는 실패한 것으로 생각하는 편

원칙❶ 패전에서 도망가는 것이 이기는 것이다.

이 낫다. 그러므로 그 후는 버는 것을 포기하고 부상을 적게 하여 도망치는 것만 생각한다. 매수로 실패했는데도 매도로 이익을 낼 수 있다고 하는 경우는 그다지 많지 않다. 매도는 단순한 뒤처리에 지나지 않기 때문이다. 그리고 그 경우의 처리에 대해서 지금까지 하는 것이라고 하면 「손절매」, 「재워두기」 혹은 「물타기 매수」 등이다.

그러나 이제부터는 「손절매」도 「재워두기」도 일체 할 필요는 없다. 모두 「연계매매」로 실패한 주식도 처리하는 것이 좋다.

종목의 오르내리는 움직임을 잡아서 올랐을 때 팔고, 내려갔을 때 되사도록 한다. 그렇게 하면 손익이나 매수가격에 구애되지 않고 주가의 오르내림이라고 하는 방향만을 집중적으로 생각하여 매매할 수 있다. 방해하는 최대의 원인이 되는 「욕심」을 버리면 냉정히 팔 수 있게 된다. 그러기 위해서라도 「현물 주식 연계매매」는 가장 유효한 방법이 된다.

연애와 같이 미련은 시세의 큰 적이지만 미련은 누구에게나 있다. 「재워두기」나 「물타기 매수」를 한다고 하는 것도 투자자의 이익에 대한 미련의 표시다. 승부에는 방해되는 것이지만 그것을 제외하는 것은 인간 누구에게나 불가능하다. 그러므로 「현물 주식 연계매매」로 간다. 그 현물 주식 연계매매의 설명은 다음 장에서 하기로 한다. 지금까지 실패한 주식의 처리 방법이 왜 좋지 않을지를 생각해 둔다.

실패하는 투자방식은 모두 버려라.

재워두기는 가장 무서운 것이다.

주식투자에서 매수한 주식이 예상이 빗나가 주가가 하락해서 어쩔 수 없이 매수가로 손해가 나지 않는 지점에서 팔고자 가만히 2년이고 3년이고 기다리는 경우가 있다. 이것이 재워두기이다. 이런 주식투자 방법이라면 누구나 할 수 있다. 그리고 자칫하면 지금도 조금씩 시간은 가고 주가는 하락해 간다. 그렇다면 은행에 맡겨 약간의 이익이라도 붙고 걱정도 없이 지내는 편이 훨씬 편하다. 재워두기는 시간 낭비며 자금을 활용하지 않고 아까운 것을 죽여 버리는 가장 무능한 투자방식이 된다.

기업의 이익이나 주식의 이익은 「돈×시간=이익」 이라고 하는 식으로 나타내는 것처럼 돈과 시간을 함께 버는 것이기 때문에 재워두기를 하면 설령 표면상 원금이 줄지 않아도 얻을 수 있는 이익을 잃어버리는 것이 되어 조금씩 손해 보는 셈이 된다. 살아서 움직여야 하는 돈이 완전히 죽어 있는 것이다.

주식은 팔아서 처음으로 하나의 승부가 결정(완료)된다. 그런데 재워두기라고 하는 것은 팔지 않고 가지는 것이기 때문에 언제까지나 끝나지 않는 것이다. 신용대주거래 등으로 얽매여서 어쩔 수 없어서 계속 가지고 있으면서 「만기일이 다가올 때까지는 어떻게든 될 것이다.」 라고 생각하는 동안에 최저가에서 만기일을 맞이하는 경우가 현실에서 자주 일어난다. 그때 손해를 보아도 팔아 두는 것이 좋았을 걸 하고 후회해도 아무 소용없다.

손절매는 절대로 해서는 안 된다.

손해를 감수하고 팔아서 현금화하면 원금은 어느 정도 줄어들어도 그 현금화되어 즉시 쓸 수 있다.

계산적으로 실패한 주식의 처리로 이 방법은 좋은 방법이다. 재워두기는 전액을 그 종목의 회사에 맡겨버린 상태가 되나, 손절매는 줄어든 부분을 그 회사에 일시적으로 맡기고 있다가 어차피 다시 그 종목을 저가에 사서 고가에 팔면 돌려받는 것으로 생각하면 된다. 「저지르면 마지막」 이라고 하는 말 그대로이다.

그러나 누구나 손해가 되었다고 하는 것은 심리적으로 대단한 마이너스가 되며 자금의 감소로 전력도 떨어진다. 손절매의 매도는 빠를수록 좋은데도 불안이 생겨 결심이 흔들리고 매도의 결단이 좀처럼 불가능하다. 결국은 늦어버려서 최악인 최저가 매도가 된다. 그러므로 실제는 손절매는 절대로 하지 않고 그것의 변형인 「현물 주식 연계매매」를 해야 하며 그쪽이 훨씬 팔기 쉬워지게 되고 효과적이다.

물타기는 대부분 손해 본다.

매수 종목의 가격하락에 따라서 물타기 하여 평균 매수가를 내린다. 이러한 물타기 매수는 가장 일반적이어서 많이 사용돼 온 방법이다. 그러나 계속 매수해도 여전히 하락 혹은 그 후 보합 시세가 되어버려 회수 불가능한 투하자본을 더욱 늘리게 되는 경우가 많다. 물타기는 손해라고 말하는 것처럼 경험적으로 성공률은 상당히 낮다.

실패주가 있으므로 제2차 공격의 기회를 제대로 얻을 수 없고 지는 중에 더욱 병력을 쏟아붓기 때문에 위험이 배가되어 깨지게 된다. 물타기 따위는 하지 않고 그대로 내버려 두는 것은 재워두기가 되지만 물타기는 실제로 재워두기보다 더 나쁜 결과가 나오는 경우가 많은 것이다. 개인투자자는 물타기 매수를 무슨 일이 있어도 하지 않는 것이 낫다.

물타기는 싼값으로 샀지만, 매수가의 2분의 1이라든가 3분의 1로 더 내려갔을 때만 한다. 그렇지 않으면 시세가 내릴 때마다 물타기 매수를 반복하다가 수렁에 빠져 결국은 자금도 바닥나 완전히 무너져 버린다.

물타기는 연계매매로 반대 주를 세우는 것과 원리적으로는 비슷하다. 그러나 무엇보다도 큰 차이는 연계매매가 매도와 매수로 위험이 상쇄되는 데 비해 물타기는 2번 매수하는 것이 되어 위험이 배가되는 것이다. 그래서는 안전의 포석은 되지 못한다.

그리고 어느 쪽이든 추가로 자금한도까지 쓰는 셈이지만 연계매매가 공격적인 데 비해서 물타기는 방어적이기 때문에 원금 전체를 늘린다. 결론적으로 말하자면 여기에 추가할 자금이 있다면 다른 유망종목을 백지상태에서 하는 편이 낫다.

팔고 나서 사지 않으면 주식만 조금씩 늘어나고 돈이 아무리 많이 있어도 모자라게 된다. 이전의 최고가를 기준으로 생각해서 오른다고 생각하기 때문에 사는 것이겠지만 그러나 그것은 불확실하게 정세가 변하고 있는데도 이전의 최고가를 생각한다고 하는 것은 앞에서 설명한 바와 같이 위험한 일이다. 그렇다면 초조해하지 말고 오르는 것을 기다려서 연계매매를 하는 것이 좋다.

갈아타기는 실패의 원인이다.

자기의 보유주식이 아닌 종목이 하루에 20원, 30원씩 상승하는 것을 보면 하락한 보유주식을 지금 당장 팔고, 상승 종목으로 갈아타려고 한다. 이처럼 가진 종목을 손절매하여 벌 수 있을 것 같은 종목을 사는 것이 갈아타기라고 하는 것으로 많은 투자자가 하고 싶어 하는 방법이었다.

그러나 초조해하고 있을 때 하는 경우가 많고 던져버린 주식은 충분히 하락하였기 때문에 오르기 시작하면 제법 많이 오르는 경우가 많다. 하락 폭의 반값 정도는 간단히 되돌리는 예도 있다. 즉, 손절매 종목이 오르고 갈아탄 종목이 떨어지는 둥 하여 손해의 이중펀치를 맞거나 좀처럼 생각대로 잘되지 않는다.

손절매 후 재매수는 실행이 어렵다.

일단 손절매하고 더 내려갔을 때 다시 그 종목을 재매수한다. 내려가는 불안에 떨면서 우물쭈물 계속 보유하는 것보다 빨리 팔아서 기분적으로도 깔끔하게 하고 더욱 내려가서 재상승할 것 같을 때 재매수하는 편이 훨씬 좋다. 그러므로 지금까지 말한 것 중에서는 제일 좋은 방법이지만 역시 손절매가 되는 것으로 기분적으로 그만 주저하여 좀처럼 팔 기분이 들지 않는 것이다.

실패주의 처리로서 지금까지 해 왔던 것은 다음의 5가지 방법이다.

① 재워두기

② 손절매

③ 물타기

④ 갈아타기

⑤ 재매수

그러나 이 방법은 앞으로는 절대로 사용해서는 안 된다. 앞으로는 모두 「연계매매」로 가야 한다.

이제부터는 연계매매이다.

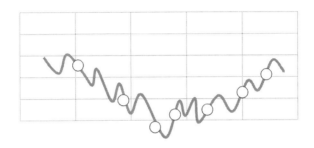

보유주식이 하락하면 어떻게 해야 하나

15,000원이 목표인 종목을 10,000원에 현물 주식을 매수하여 11,000원까지 올랐지만, 매도하지 않고 좀 더 기다려 보자고 했는데 반대로 하락하여 주가는 7,000원으로 반 토막이 되었다. 이제 어떻게 해야 하나?

손절매를 할 것인가? 재워두기를 할 것인가?

매수 후에 차트를 보면 5,000원부터 올라서 11,000원의 근처가 최고가로 어쩌면 또다시 5,000~6,000원에 되어 버리는 것은 아닐까 생각되어 5,000~6,000원이 될 때까지 내버려 두었다가 물타기 매수를 할 것인가? 이 경우 반드시 오른다면 그것도 좋지만 그렇다고 결정된 것도 아니다. 주가는 오르기만 하는 것이 아니라, 더 하락하는 예도 있고 보합 시세가 되는 예도 있다. 그래서 물을 타기를 하면 반드시 구제된다고 할 수 없다.

물타기 매수는 주가가 오른다고 하는 것이 전제되어야 한다. 그러나 실제로는 주가는 오르내리는 것이다. 원금 전부를 늘려가는 것이 목적이라면 매수와 매도를 조화시키는 편이 안전한 것이 아닐까? 처음의 매수가보다 현재의 주가를 바탕으로 이제부터 어떻게 움직여 갈지를 생각하고 매도와 매수를 정해 가는 편이 나을 것이다.

「그래! 이때는 대주 연계매매를 하자」고 생각하여 잠시 기다리는 사이 9,000원까지 올랐다. 그래도 작심하고 대주 매도를 해보았다. 그 후 예상대로 5,000원까지 내려갔으므로 다시 매수했다. 그 결과 4,000원 정도의 이익을 얻을 수 있고 현물 주식은 그대로 남아 있다. 이것은 또 오르면 팔면 된다. 4,000원 벌었기 때문에 처음에 10,000원으로 산 현물 주식도 비용은 6,000원이다. 지금 5,000원이므로 아마 6,000원 이상으로 충분히 팔릴 것이다.

그러나 그 후 움직임이 적어져 6,000원으로 오르지 않고 5,000원을 중심으로 하여 1,000원 변동 폭을 반복하게 되었다. 그래서 이번에는 그 변동을 이용해서 대주 매도로 600원씩 취하는 것을 끈질기게 5회 반복하였다. 이것에 의한 총이익은 600원의 5배인 3,000원이 되었다. 10,000원에 산 주식을 사용하여 얻을 수 있는 이익은 결국 7,000원이 되었다. 따라서 주식을 3,000원에서 산 것이 되고 언제 팔아도 손해 없이 도망칠 수 있다고 하는 것이 되었다.

주식은 싸게 사서 비싸게 팔면 수익이 발생한다. 그러나 비싸게 팔아서 싸게 다시 사들여도 벌 수 있다. 매도가 선행이어도 좋은 것이다. 이것이 신용대주거래의 연계매매이다.

매매전략을 세워 쉽게 매도할 수 있도록 한다.

주식은 오르기도 하고 내리기도 한다. 계속해서 오르기만 하거나, 반대로 내려가기만 하는 일도 절대로 없다. 주가의 움직임에 대하여 투자자가 취할 수 있는 수단은

① 살 것인가?
② 팔 것인가?
③ 지속할 것인가?
④ 완전히 손을 뗄 것인가?
라고 하는 4가지밖에 없다.

①,②는 동적인 행동이며 ③,④는 정적인 태도다. 그리고 ③의 「주식을 그대로 계속 가지고 있다」라고 하는 상태는 수익을 낼 가능성과 동시에 가장 위험한 상태가 된다. 가격이 오를

가능성과 동시에 끊임없이 가격하락의 위험에 노출되어 있다. 이 상태에서 빠져나가려면 취할 수 있는 수단은 「② 판다」고 하는 것밖에 없다. 매수가(비용)보다도 높은 가격이라면 언제든지 이익을 내고 팔 수 있어 아무런 문제도 없다. 그러한 결과가 나오도록 감을 갈고 닦아 「①산다」라고 하는 행동을 취하고자 하는 것이다.

그러나 앞에서 말하였듯이 100회면 100회 전부가 반드시 그러한 결과를 낼 수 있는 것은 아니다. 그리고 매수한 것까지는 좋지만, 가격 상승을 기대하는 동안에 반대로 하락하면 대주 연계매매가 구명줄이 된다. 그것을 사용해서 가볍게 팔리도록 해두는 것이 좋다.

실패주는 이익의 도구로 살린다.

보유주식이 하락하였을 때 그대로 재워두기로 해서 내버려 두면 패배의 길을 걷게 된다. 그렇다고 해서 그 하락 주를 구하려고 물타기 매수를 하면 새로 관리 종목이 증가하여 위험이 증가한다.

어쨌든 주가는 올라가거나 내려가거나 한다. 그러므로 그것이 내려갔다 해서 걱정할 일은 없다. 연계매매로 새로운 매도주를 세우는 것으로 위험을 상쇄하고 사석(바둑)은 그대로 소중히 간직하여 다음 거래를 위해 사석의 포석으로서 살린다. 그것으로 오르면 팔고 내리면 다시 매수하는 반복을 망설임 없이 마음 편히 할 수 있게 된다.

즉 실패주를 손절매로 없애 버리는 것이 아니라 이익을 만들어 내는 도구로서 몇 번이고 살려서 전체의 이익을 위해 유효하게 활용하고자 하는 것이다. 이것으로 실패주에서도 손실이 나지 않고 벌어 가는 시세 전법이 되어 하락한 주식의 처리로서는 앞으로의 가장 훌륭한 방식이 된다. 더구나 하락장세에서는 절호의 방법이 되는 셈이다.

원칙❸ 이제부터는 연계매매이다.

연계매매는 패자부활전이다.

잘라 버리면 원상태이다.

매매를 반복하고 있으면 이상하게도 자신이 사면 내려가고 대주 매도주를 세우면 오르고 단념하고 철수하면 그때부터 예상대로 움직여지거나 하는 경우가 있다. 주식시장에서 「팔면 2포인트 오르고, 사면 3포인트 내리고, 잘라버리면 원래 상태」 라는 말이 있지만 마치 그림으로 그린 것처럼 그렇게 된다. 오를지 내릴지 반반인 시세이지만 현실에서는 꽤 속 썩이는 예도 있다.

잘 안되었을 때는 심리적으로 싫증이 나므로 눈을 감아버린다. 주식은 없어지지 않는 것이라고 하여 재워두기로 한다. 신문을 펼쳐 보아도 그 종목의 주가 등을 보지 않게 되어버린다. 싫은 것으로부터는 눈을 감고 싶어 하는 누구나 가지는 본능적인 생각이다. 그러나 이래서는 전장으로부터의 퇴각으로 패배주의가 돼버린다. 문제는 그렇게 속 썩은 시세를 어떻게 만회해 갈 것인가이다.

주식투자에서 성공하는 것은 버는 것이다. 아무리 즐겁게 투자한다고 해도 손실만 있다면 순식간에 투자자산이 줄어버린다. 거래를 하려면 단 하나의 기반인 자금이 없어져 버려서는 아무리 즐기고 싶다고 해도 이제는 주식투자에서 철수하여야 한다. 문제는 그렇게 알 수 없는 주식시장에서 어떻게 성공해 갈 것인가이다.

주식투자에서 자신이 아무리 잘해도 백발백중은 안 된다. 아무리 해도 빗나가는 주식이 나온다. 어중간한 곳에서 샀기 때문에 그 후에 주가가 내려가거나, 혹은 이식매매 할 기회를 놓쳐 다시 하락하여 매수가 이하가 되거나, 또는 대주 매도할 것이 예상과 반대로 자꾸 올라가 버리는 등 어쨌든 이식매매가 불가능한 상태로 되어 있는 것은 그대로는 어떻게도 할 수 없는 존재가 되어 버린다.

원칙❹ 연계매매는 패자부활전이다.

하락주는 끈질기게 매매하면 원상태로 온다.

실패만 계속 거듭되면 가능하면 빨리 끝내고 싶다는 생각이 절실하게 든다. 그러나 이 상태에서 빠져나가기 위해서는 전술이 필요하다. 여기에 주식거래의 참맛이 발생한다. 또한 그렇게 해서 이긴 싸움으로 넘어갈 수 있었을 때의 기분은 뭐라고 말할 수 없는 것이다.

주가는 어떤 경우에도 반드시 상하로 움직인다. 매수가에 구애된 생각을 하고 있으면 매수가보다 아래에서의 가격변동은 아무리 움직여도 조금도 흥미를 끌지 않게 된다. 그러나 매수가를 생각하지 않고 주가를 보고 있으면 의외일 만큼의 큰 가격변동을 하는 것이다. 따라서 일단 그 매수가를 잊는 것이다. 가지고 있는 것조차 잠시 잊어버리는 편이 낫다. 이것에 사로잡혀 있으면 우선 움직일 수 없게 되어버린다.

차트로 시세의 기복을 보면서 상승하고 하락하는 반전 포인트를 눈으로 확인하고 일단 한다. 저가가 되면 어느 부근에서 시세가 반전하는 상승 포인트가 될 것인지 대충 짐작해서 다시 매수한다. 이후 오르면 팔고 내리면 다시 사는 매매를 몇 번이고 반복해 간다. 고가 매도 저가 매수의 반복으로 보유포지션은 점점 좋아져 간다. 즉, 매도와 매수의 전환을 손익보다도 주가의 위치만으로 자유롭게 하는 것이다.

이것으로 「팔면 2포인트 상승, 사면 3포인트 하락, 잘라 버리면 원상태」라고 하는 패배주의와는 인연이 끊어져 「2포인트 상승하면 팔고, 3포인트 하락하면 사고, 끈질기게 하면 원상태」라고 하는 것이 되는 것이다.

주가 변동이나 손익에 위협당하여 자유롭게 매매할 수 없다면 시세 전쟁에서 싸울 수 없다. 매매 수수료가 아깝다고 매매를 꺼리면, 주가 변동에서 10% 전후의 이익을 내고자 할 때 2~3%의 수수료에 구애되어 자유로운 매매를 생각할 수 없다면 승부가 안 된다.

이식매매 주식의 연계매매

현물 주식이 계속 올라서 오른 상태에서 팔아 벌었다고 하자. 그러나 주식투자를 경험한 사람이라면 알겠지만, 그때는 매도를 결심하기 상당히 어렵다. 팔아 버리면 더 올라가는 것은 아닐까?. 그러나 팔지 않고 있으면 내려가는 것은 아닐까?. 심리적으로 가장 고민하는 것은 이때다.

주가는 올라도 곧 내려간다. 좋은 매도 시기는 좋은 매수시기보다도 훨씬 어렵다. 그리고 한 번 팔 기회를 놓치면 그대로 질질 내려가 어떻게도 할 수 없게 되는 경우가 실제로 많다. 그래서 「대주 연계매매」라고 하는 구명줄이 필요해진다. 연계매매라면 가볍게 할 수 있다. 그리고 가령 현물의 주식을 일시적으로 가지고 있지 않을 때도 할 수 있다.

주가가 고가에서 하락세로 전환되어 현물 주식을 매도하여 이익을 실현하지 못하고 보유하게 되는 경우 이때는 대주거래로 매도하고, 대주의 기한에 저가에 매수하여 상환하여 이익을 실현한다. 그러나 반대로 주가가 상승하면 현물 주식을 매도하여 이익을 실현하며, 그 이익으로 주가 상승에 따른 대주의 손실금을 견디어도 된다.

하락주의 연계매매

매수한 주식이 조금은 올랐지만, 더 오르길 기다리는데 갑자기 주가가 매수가보다 하락하여 어떻게든 오를 것이라고 기다리는 데 주가는 오르지 않고 반대로 자꾸만 하락하여 매수가의 절반에 해당하는 주가가 되어 버렸다.

그야말로 2층에 올라가다 사다리를 놓친 상태이다. 이러한 사례가 매우 많다. 그런 때는 누구라도 어떻게든 빨리 2층에서 내려가고 싶다고 생각한다. 그러나 주가는 아무리 기다리고 있어도 좀처럼 2층까지 올라와 주지 않는다. 그래서 어쩔 수 없이 「재워두기」를 하고 잠시라도 잊고 싶어 한다.

주가는 역시 오르거나 내려가거나 하지만 그것은 매수가보다 훨씬 아래의 수준에서 어떻게든 매수가 근처까지 돌아오지 않을까 하고 기대하지만 그렇게도 되지 않는다. 조금은 의욕적인 사람은 이때 「물타기」 매수를 하나, 그것마저도 그다지 잘되지 않는 경우가 많다.

이런 때에 신용대주거래의 연계매매라고 하는 생명줄이 없으면 2층으로부터의 사다리가 없어서 내릴 수 없게 된다. 단지 누군가가 사다리를 가지고 와 줄 때까지 즉, 매수가로 되돌아갈 때까지 가만히 기다리고 있을 수밖에 없다. 게다가 기다리고 있으면 반드시 사다리를 가지고 와 줄 것이라는 보증도 없어, 아주 난처해져서 가만히 기다리고 있을 수밖에 없다. 그러다가 기다리는 것에 지치고 피곤하여, 부상(손실)을 각오하고 뛰어내리게(팔아버리게) 되는 것이다.

그때는 2층으로부터 내려오기 위한 사다리로서 연계매매가 최대의 존재가치를 발휘한다. 2층에서 내려오는 것이 아니고, 2층에 눌러앉은 채 수익을 벌어 가면 된다고 태도를 바꾸어버린다.

원칙❹ 연계매매는 패자부활전이다.

신용대주거래가 하락장에서 생명줄인 까닭은 여기에 있다.

오르면 팔고 내리면 다시 산다.

주가가 매수가 보다도 하락했을 때 대주 연계매매를 이용하여 거기서 이익을 내는 것으로 내릴 것 같지 않은 고가에서 매수한 주식의 비용을 내리는 셈이다. 그러므로 대주거래를 이용하여 가볍게 팔리도록 해야 한다.

재빠르게 할 수 있다면 하락하기 시작한 시점에서, 그렇지 못하였을 때는 어느 정도 돌아온 시점에서 반대 주를 세운다. 이 사고방식으로 매수에서 실패한 경우는 최초로 실패한 매수주는 기록만 해두고 그 존재를 잠시 무시한다. 그리고 그 종목에 대해서는 이후 매도 후보 종목으로서 최초의 매수가에 구애받지 않고 좋은 매도 시기를 노린다.

물론 최초 매수가를 조금이라도 웃돌아 말하자면 비슷한 정도에서 도망칠 수 있는 곳에 온 때는 반대 주가 아닌 최초 매수주를 매도하면 된다. 그러나 많은 경우 좀처럼 매수가까지는 오지 않는다. 어느 정도 올라 눈앞이 최고가라고 생각되는 때는 최초의 매수가 보다 아래라도 좋으니 신규로 팔고 하락한 곳에서 되산다. 이것을 반복해 간다. 그 매도주도 실패하여 올라버렸을 때는 최초로 실패한 매수주와 반대의 매도주를 상쇄하여 버리면 된다. 그렇게 하면 어쨌든 손해는 그 한도로 멈출 수 있다.

위험을 역이용하여 매매한다.

어느 주식이라도 보유하고 있으면 이익을 실현하는 상승주와 손실을 내는 하락주가 있다. 이식매매의 기회가 와도 하락한 주식의 손실금을 만회하는 이익 폭으로 상승하면 팔자고 생각하는 것이 보통이다. 그 결과 이식매매에 실패하게 된다. 하락주 때문에 이식매매를 할 수 없다는 것은 어리석은 투자자이다.

연계매매는 수동적 위험관리가 아니다. 하락주가 이식매매를 방해하면 안 된다. 이식매매주가 하락주의 손실을 만회하는 주식이 아니라 종목별로 분리하여 매매한다. 이식매매주식은 그것만으로 이익을 내어 간다. 한편, 하락주는 오를 때까지 내버려 두고 오르면 연계매매를 하여 그 종목으로 벌어 간다. 이처럼 「신용대주거래 연계매매」는 어쨌든 전체 원금을 늘려가는 것이라는 목표와 사고방식을 가지고 공격과 수비 시점을 계획하면서

원칙❹ 연계매매는 패자부활전이다.

앞으로 진행하는 매매방식이다.

주가는 오르락내리락 끊임없이 순환하는 것이므로 매수에 실패한 주에는 새로운 매도주를 세우고 매도에 실패한 주에는 매수주를 세운다. 이러한 반대주를 세우는 것이 실패주의 처리로서 위험을 위험으로 인식하지 않고 반대로 포섭하여 이용하는 최고의 방법이 되며 대주나 물타기 등 보다 훨씬 안전하게 버는 방법이 되는 것이다.

4장

연계매매를 알아야 성공한다.

원칙

❶ 현물 주식으로 연계매매 한다.

❷ 현물 주식으로 연계매매를 해야 하는 이유

❸ 생각을 바꿔야 앞이 보인다.

❹ 보이지 않는 자산이 이익을 창출한다.

현물 주식으로 연계매매 한다.

　「신용(대주) 연계매매」는 실패 주식의 처리로서는 물타기 매수나 재워두기보다 훨씬 좋은 방법이다. 그러나 1~6개월 이내라고 하는 기간 제한이나 증거금 및 이용료이나 신용한도의 제약 등으로 불안한 마음에 실수할지도 모른다.

　그러나 현물 주식으로 연계하여 매매하는 것이 더 효과적인 매매 방법이다. 원래 연계매매는 「대주거래」만 알고 있어서 「현물 주식 연계매매」라고 하는 것은 생소한 방법으로 잘하지 않는 매매 방법이다. 그러므로 「대주 연계매매」를 한 적이 없는 투자자에게는 더욱 이해하기 어렵고 매매하기 어려운 것으로 생각할 수도 있다.

　하지만, 한마디로 말하면 대주거래의 연계매매와 완전히 같은 결과가 되는 것으로 그냥 현물 주식으로 매매하는 것이다.

우선 보유주식을 주가가 반등한 곳에서 언젠가 반드시 되사고 그때 손익을 계산할 예정으로 일단 현물 주식인 채로 팔아 버린다. 그리고 그것을 자기의 매매장에는 대주 매도와 같이 보유주식은 그대로 두고 별도의 주식을 새롭게 팔았다고 메모해 둔다. 그리고 주가가 내려가 이익을 얻을 수 있게 된다면 다시 매수한다. 그 단계에서 매도한 주식은 손안으로 돌아와 대주 연계매매로 이식매매 한 것과 같이 완전히 같은 상태가 된다.

즉, 「대주 매도의 연계매매」와 완전히 같은 효과를 볼 수 있다. 따라서 이제부터 연계매매는 모두 「현물 주식 연계매매」로 해야 하며, 대주 연계매매를 할 필요가 없다. 지금까지 대주 연계매매를 설명한 것은 이해하기 어려운 현물 주식 연계매매를 이해시키고자 한 것이다.

현물 주식 연계매매의 구체적인 예시

예를 들어 9,000원에 산 주식이 현재 5,000원인 종목 1,000주를 가진 A, B, C가 있다고 하자.

A는 주가가 8,000원일 때 현물 주식은 그대로 두고 대주거래 연계매매를 하였다. 즉, 매도주를 세웠다. 그리고 5,000원일 때에 사서 상환하였다. 즉, 이것으로 손안에는 대주거래로 이식매매 한 300만 원의 현금과 1,000주의 주식이 있다.

B는 주가가 8,000원일 때 팔아서 800만 원의 매도대금을 받고 5,000원일 때 다시 현물 주식을 사서 500만 원의 주식매수 대금을 지불했다. 이것으로 B의 손안에는 매매대금을 차감한 300만 원의 현금과 1,000주의 주식이 있다. 결국은 A와 같은 상태다.

C는 그대로 가만히 계속해서 보유만 하고 있어, 손안에는 A와 B의 현금은 없으며 주식 1,000주만 있을 뿐이다.

A와 B가 하락장세에서 보유한 현물 주식을 손절매나 재워두기를 한 것이 아니라 한 번 팔아서 주가가 더 하락하면 또다시 매수하고 하는 것이 「연계매매」이다.

A가 한 것이 대주거래로 매매한 「대주 연계매매」이고, B가 한 것이 「현물 주식 연계매매」이다.

A와 B 양자의 현재의 주식 보유 상황은 조금도 다르지 않고 완전히 같다. 즉, 대주거래와 현물 주식거래는 과정은 다르지만, 결과는 같게 된다.

따라서 연계매매로서는 어느 것을 해도 괜찮지만, 이제부터

원칙❶ 현물 주식으로 연계매매 한다.

설명하는 「현물 주식 연계매매」가 훨씬 매매하기 쉽고 효과적이기 때문에 이제부터는 「대주 연계매매」보다 현물 주식으로 연계매매를 하여야 한다.

그리고 A와 B가 C보다 더 가진 300만 원이 「연계매매」를 하여 얻을 수 있었던 이익이다. 3명 모두 하락한 종목의 주식 1,000주를 가진 것에 변함은 없지만, C와 비교하면 A와 B 쪽이 훨씬 좋은 것을 알 수 있다. 그리고 A와 B는 이후 「보유한」 주식이 오르면 재차 매도하고 내려가면 다시 매수하는 것을 반복하면 된다. 매수가 이하의 주식을 「현물 주식 연계매매」로 몇 번이고 매매하여 벌어 가는 것이다.

어느 것을 팔지 스스로 정한다.

앞의 예에서 B가 다시 매수하고 A와 C가 계속 가지고 있는 1,000주는 처음에는 9,000원에서 산 것이다. B가 현재 5,000원에 산 주식은 과거 8,000원에서 판 것을 다시 매수한 것으로 현재 300만 원의 현금과 1,000주의 주식으로 바뀌어 있다.

이것을 이해하려면 9,000원에서 산 주식은 금고에 넣고 닫아

버린다. 그리고 신용(대주)매도와 같이 8,000원일 때 다른 사람의 주식을 빌려 와서 그것을 팔고 5,000원일 때 다시 매수하여 빌려 온 사람에게 상환하였다. 현재 가진 것은 금고 속에서 꺼내어 온 9,000원의 자기의 주식이라고 생각해 두면 좋다.

즉, 연계매매 한 주식은 원래 가지고 있는 주식과는 별도이다. 바꾸어 말하면 9,000원의 매수와 8,000원의 매도를 조합하여 한 쌍으로 하는 것은 아니다. 8,000원의 매도와 5,000원의 재매수가 한 쌍이 된다. 그것을 혼동하면 9,000원에서 산 것을 8,000원에 팔면 「손절매」라고 생각하여 심리적으로 팔 수 없게 된다.

그러므로 되사기 전에도 9,000원의 현물 주식 매수 종목과 8,000원의 현물 주식 매도 종목 양쪽이 있는 것으로서 구분하여 기록해 둔다. 재매수는 몇 개월이 걸리는 경우가 있기에 매매 장부를 기재하여 구별한다.

주식은 단순한 돈벌이 도구이다.

주식투자로 돈을 벌기 위해서는 자본은 현금이든 보유주식이

든 무엇이라도 좋다. 하지만 여기에서 말하고 있는 것은

- [원금] → 주식 매수 → [도구인 주식] → 매도 → [원금+이익금] → 이후 반복이 아니라,

- [원주] → 매도 → [도구인 현금] → 주식 매수 → [원주+이익금]→ 이후 [반복]이라고 하는 것으로,

주식을 최종적으로 팔 때까지 원래 주식으로서 몇 번이고 매매하여 자기의 손안으로 이익을 데리고 돌아오도록 하기 위한 도구로 하는 것이다. 즉, 매수매도를 보통은 매수부터 시작하는 것에 대해 반대로 매도부터 시작해서 매수로 끝내도록 한다.

고가에서 산 주식(주식투자원금)이 하락하여 연계매매로 다시 매수하여 이익을 얻어도, 현재 보유한 주식의 가격은 최초 매수한 주식(주식투자원금)에 비하여 평가손이 발생한다. 그러므로 매매를 한 번으로 끝내지 않고, 평가손을 상회하는 이익을 내기 위해서 이후 몇 번이고 매매를 반복하여 가는 것이다.

애당초 보유주식을 매수가로 평가하여 보유하는 것은 상식적으로 잘못된 것이다. 보유주식은 돈벌이 도구로 집을 짓기 위해서 목수의 톱과 같이 일상적으로 사용하는 돈벌이 도구이다. 그것을 평가해서 손해 또는 이익이라는 생각은 전혀 의미는 없는 것이다.

단순하게 예를 들면 투자자금 2,000만 원에 산 주식이 하락하

여 주가가 700만 원인 때에 매도하면 700만 원의 현금이다. 현재의 700만 원인 자산을 도구로 주가가 상승하여 900만 원 때에 팔고, 하락하여 700만 원 때에 되사서 200만 원씩 이익을 보는 매매를 몇 번이고 되풀이한다.

하락한 주식을 되살리는 길은 이「현물 주식 연계매매」밖에 없다. 현금으로 주식을 사서는 팔아 버는 것과 같이 주식을 팔아서 재매수하여 반복하여 벌어 가는 것이, 주식투자 원금 이상으로 오를 때까지 기다리는 것보다 훨씬 낫다.

원칙❶ 현물 주식으로 연계매매 한다.

현물 주식으로 연계매매를 해야 하는 이유

증거금도 손해도 발생하지 않는다

「대주 연계매매」는 증권사와 매매계약을 체결하여 신용한도 까지만 대주 할 수 있으며, 현물 주식을 그대로 보유하기 때문에 그만큼의 자금이 묶여 있는 형태이다.

그것과 비교하면 「현물 주식 연계매매」에서는 현물 주식을 팔 수 있기에 보유주식만 있으면 자유롭게 팔아 현금을 늘릴 수 있다. 양자의 차이는 그것뿐이지만 되샀을 때의 결과는 똑같아지고 이 과정에서는 「현물 주식 연계매매」는 「대주 연계매매」 보다도 훨씬 하기가 쉽다.

또한 앞에서 설명한 바와 같이 9,000원에 매수하여 8,000원에서 파는 것은 아니기 때문에 손실을 계상할 필요도 없다. 즉, 「현물 주식 연계매매」는 실패주를 손절매하는 것이 아니고, 이익을 만들어 내는 도구로서 몇 번이고 살려서 사용할 수 있어 하락장세에서는 절호의 매매 방법이 된다.

원금이라는 전력이 실패주를 버리는(큰 손절매) 것이 아니라 국지전으로부터의 철수를 도모하고(재워두기가 아니라), 하락주를 구하는(물타기) 것이 아니라, 사석(바둑에서)으로서 온전하게 전력을 유지하면서 그 주식이 전과를 올리지(이식매매) 못해도 안전하게 원금을 늘린다고 하는 목표에만 온전히 힘을 다하는 것이다.

보통 오르면 팔고 내리면 산다고 해도 실제로는 상당히 실행하기 어렵다. 「현물 주식 연계매매」라면 그 반복의 무서움을 느끼지 않고 마음 편하게 할 수 있고 부지런히 벌어 갈 수 있다.

결국 「현물 주식 연계매매」가 다른 어떤 방식보다도 매매를 훨씬 자유롭게 할 수 있어 안전하고 유리한 매매법이라고 결론 지을 수 있다. 「현물 주식 연계매매」로 이익되는 것이 무엇인지 생각해 보자.

재매수는 언제라도 좋다.

「현물 주식 연계매매」 조건은 반드시 다시 매수하여야 한다고 하는 전략적이다. 그러나 현물 주식거래이므로 「대주 연계매매」와 같이 6개월 이내 등 기간의 제약을 받지 않는다. 몇 개월 몇 년 후에라도 상관없이 정말로 자신이 좋다고 생각하는 때에 다시 매수 할 수 있다.

타인에게 빌렸다고 생각하고 매매해도 결국은 자기의 돈이라서 재촉 등을 하지 않기 때문에 기간에 대하여 심리적으로 안정된다. 그리고 만일 재매수를 하지 않는 경우는 단지 손절매가 된다. 그러나 손절매로 할지 「현물 주식 연계매매」로 할지는 결말을 짓는 시점에서 자기 마음대로 할 수 있기에 주가의 추이나 이익 상태에 따라 어느 쪽으로 해도 좋다.

「대주 연계매매」에서는 대주의 매도를 위한 대주 이용료 또는 증거금이 붙거나 6개월의 등의 기간의 제한 때문에 언제나 기간 내의 시세에 신경 써야 한다. 그러나 「현물 주식 연계매매」의 경우에는 언제든지 다시 매수해도 되기 때문에 시세를 걱정하지 않고 서두르지 않고 할 수 있다. 만약에 재매수 기회를 놓치면 다음 기회를 기다리면 된다.

언제라도 자금을 만들어 낼 수 있다

현물 주식 연계매매에서는 현물 주식을 파는 것이기 때문에 그만큼의 현금이 손에 들어오고 원래 종목을 다시 매수하기까지의 사이에 그 현금으로 다른 종목을 매매하든지 자유롭게 쓸 수 있다. 그러므로 다른 용도로 돈이 필요할 때 필요자금을 현재의 보유주식을 현물 주식으로 연계매매 함으로써 투자자산 안에서 손실을 내지 않고 만들어 준다.

자금의 크기가 승부를 결정하는 주식매매에서 추가 자금을 투입하지 않고 이자가 필요 없는 자금을 자유롭게 쓸 수 있게 되는 것은 강력한 무기를 얻은 것이 된다. 따라서 금리가 붙은 차입금으로 주식을 사는 대주 연계매매에서는 금리를 계속 지급하는 것에 반해, 현물 주식 연계매매에서는 현물 주식을 판 돈에서 차금을 상환할 수 있어 금리는 경감되게 된다. 그러므로 차입금을 쓰거나 금리가 있는 돈을 사용하고 있을 때의 효과는 매우 크다.

대주거래는 매수약정 때문에 손절매하거나 현금으로 상환하여 주식을 재워두게 되면 시가상당액의 담보가치는 있지만, 손절매 및 현금상환에 따른 손해를 지불하지 않으면 안 된다. 그러나 현물 주식 연계매매를 하면 매수주와 매도주 차이의 손실금만큼만

감소할 뿐으로 나중의 현금이 손에 들어오고 그것을 무기로 무기한 자유롭게 쓸 수 있다. 이 차이는 전략적으로는 상상 이상으로 큰 효과가 있다.

시간을 벌 수 있다.

대주 연계매매는 주가가 하락할 것으로 예상이 될 때만 사용할 수 있다. 단순히 연계매매의 역할밖에 못 한다. 이와 반대로 현물 주식 연계매매는 시세가 하락할 때뿐만 아니라 보유한 종목들이 한동안 보합상태일 것이라고 전망될 때 일시적으로 보류(현금화)하고자 할 때도 이 방법을 사용할 수 있어 응용범위가 넓다.

대주거래는 하락하여야 이익이 실현되나, 현물 주식에서는 꼭 하락하지 않고 보합인 경우에도 효과가 있다. 매도가 보다 3% 이상 싸게 다시 매수할 수 있다면 그동안 유지하고 있었던 것과 같거나 그 이상으로 유리하게 된다. 그냥 주식을 재워두는 것과 같으면서도 그사이에 현금을 자유롭게 사용할 수 있다.

세상일은 하나에만 집중하다 보면 전체를 놓치기 쉽다. 시간이 지나면 세상도 주식시세도 서서히 변하고 그러다 보면 사태가 180도 돌변하게 된다. 그러므로 도저히 손을 데지 못할 상황이 되면 서두르지 않는 것이 좋다. 궁지에 몰리게 되면 발등에 불씨가 떨어진 듯이 절박한 생각이 들지만, 일단은 시간을 벌어야 할 때가 있다. 「현물 주식 연계매매」는 바로 이러한 때 시간 벌기에 딱 맞는 방법이다.

보유주식이 전혀 움직이지 않는 상황이라고 할 경우 원래 인내성이 많은 사람조차 반년 이상 이런 상황이 지속한다면 짜증이 나게 마련이다. 이럴 때일수록 「현물 주식 연계매매」로 일시적으로 보류하여 그 자금을 살려서 사용할 수 있는 절호의 기회인 셈이다. 다른 종목으로 한탕 이익을 본 후에 다시 원래 종목을 매수하여 시세가 오르면 매도할 것을 생각하고 시세가 내려가면 다시 매수하면 된다.

미련 때문에 보는 손해를 방지할 수 있다.

이제부터는 「현물 주식 연계매매」를 이용하면 손절매가 필요 없게 된다. 주가의 변동으로 가격이 상승했을 때 연계매매를 하고 주가가 내려가면 다시 매수한다. 이를 반복한다.

원칙❷ 현물 주식으로 연계매매를 해야 하는 이유

이제까지는 손해를 봤기 때문에 미련이 강하게 남아 이 때문에 이익을 훨씬 초과하는 손해를 보는 경우가 발생했는데 이제부터는 이를 방지할 수 있게 된다.

장기간 재워두기도 가능하다.

한창 고가일 때 샀는데 가격이 한참 내려간 채로 한동안 움직임이 없는 종목은 누구나 다 싫고 짜증만 쌓여간다. 이렇게 짜증나는 종목은 어떻게 해서든지 빨리 처리하려고 매수가까지 오르기만을 기다리고 또 기다리게 된다. 손 놓고 보고만 있는 것보다는 빨리 팔아 버리는 것이 더 좋다는 생각은 들지만 좀처럼 행동으로 옮기기가 쉽지 않다. 그러나 이런 방법은 그리 좋은 방법이 아니다. 움직임이 없는 종목을 소중하게 모셔둘 필요가 없으며 정신건강으로도 좋지 않다.

현물 주식 연계매매로 매수가와 상관없이 연계매매와 매수를 반복한다면 이 상황을 잘 극복해나갈 수 있다. 주식은 오르지 않는 한 하락하거나 보합상태일 때는 수중에 없는 편이 좋다. 일단 현금화를 해서 상황이 허락하는 한 다른 곳에서 굴리면 이익이

나온다. 불안해하면서 주식을 보유하지 않아도 된다.

이렇게 하면 주가가 하락해도 상관이 없으므로 무서워할 필요도 없고 여유도 생긴다. 보유 종목의 시세가 내려가니 큰일 났다는 등의 걱정이 없어지게 되며 심리적으로 여유도 생긴다. 쓸데없는 신경을 쓰지 않고 주가의 행방에만 전념할 수 있게 된다. 이로써 걱정도 없어지고 안심할 수 있으므로 짜증이 해소된다. 이처럼 귀중한 자금을 투입한 채 장기간 재워두는 것도 「현물 주식 연계매매」로 대부분 자금을 회수하여서 기다릴 수 있게 된다.

갈아타기도 손실 없이 할 수 있다.

이제까지의 방법으로 일단 손절매해야만 가능했던 종목 갈아타기도 현물 주식 연계매매로 손해를 계산하지 않고 자유롭게 할 수 있다. 연계매매를 한 후라면 재워두기나 갈아타기도 자유롭게 할 수 있게 되는 것이다.

종목을 갈아타면서 매매할 수 있다.

매매에 실패한 경우는 주가의 오르락내리락하는 움직임을 이용하여 「현물 주식 연계매매」를 하면 되므로 위험한 다리를 건너기가 쉬워진다. 즉, 급등 종목을 머뭇거리다 놓치는 예도 없어지고, 위험을 느끼지 않고 대담하게 이쪽저쪽으로 종목을 갈아타면서 거래를 할 수 있다.

이로써 현재 보유주식은 항상 가동되는 재고로 유지하고 항상 현재의 주류에서 움직임이 활발한 종목으로 구성되게 된다. 사고 싶은 종목이 있는데 돈이 없어 사지 못한다는 상황도 없어지게 된다. 자금에 대한 정신적인 여유는 주식거래에서는 강력한 지원군이 된다. 따라서 대담하게 이익을 내기 위한 행동만을 할 수 있게 된다.

물려 있는 주식이 없다.

개인투자자들은 시세 변동이 거의 없는 물려 있는 주식을 가지고 있다. 이는 상황이 좋은 사람들도 전체 주식의 절반을, 나쁜 상황인 종목 모두가 이런 경우인 사람들도 있다. 즉, 팔지도 사지도 못한 채 주식의 움직임만을 매일 그저 바라만 보는 생활이 되고 만다.

이익을 낳지 못하는 가동되지 않는 재고를 갖고만 있는, 자기 자신을 움직이지 않은 채 몇 달이고 몇 년이고 기다리는 것은 자금의 낭비이다. 주가의 회복만을 기다리는 상황에서는 이런 가동되지 않는 재고가 점점 더 늘어나서, 불량 자산만 많아지게 되는 것이다.

주식은 매매를 통하여 주식과 돈이 움직이지 않으면 이익이 나오지 않는다. 이런 가동되지도 않는 재고를 현물 주식 연계매매를 이용하여 정리하고 장부에만 남겨둔 다음에 불량자산을 가지지 않는 투자자가 되어서 투자자금을 회수하고 전투력을 갖춘 부대로 키운다면 지금의 몇 배는 편하게 이익을 낼 수 있다.

증권사는 자기매매 부문에서는 재고를 갖지 않는다. 종목은 단순한 도구로 종목에 얽매이지 않는다. 뭐든지 이익만 나오면 된다는 것이 보통이다. 즉, 문제는 보유주식을 어떻게 운용하는 가이다.

개인투자자들은 시세가 어떻게 움직여도 이익을 내야 한다. 하락장세라도 자산 내용에 신경 쓰지 말고 이익을 내는 것에만 전념하면 된다. 주가가 내려가서 이익이 나오지 않는 종목을 언제까지나 계속 가지고 있다는 것은 바보 같은 행동이다. 기분이나 감정으로 매매해서 성공했다고 해도 이는 우연일 뿐이다. 이치에 맞는 매매를 하면 되는 것이다.

주가 전망을 할 수 있게 된다.

가끔 대주거래의 기일과 추가 증거금 등으로 촉박하게 몰리는 경우가 있다. 이렇게 되면 자기의 의지와 상관없이 매매 등 자유로운 거래를 할 수 없게 된다. 추가 증거금이나 어느 쪽 종목을 손절매해야 하는 고민을 하는 상황이란 매우 어려운 일이다.

오히려 어느 종목으로 이익을 낼까가 훨씬 쉽다. 연계매매로 그전에 손을 써 두면 어려운 일도 쉬워진다. 또 종목의 움직임에 익숙해지므로 주가의 전망을 읽기 쉬워진다. 즉, 연계매매 덕분에 자유를 거머쥘 수 있는 셈이다.

이제부터는 현물 주식 연계매매의 이점을 이용하여 오름세 시세일 때는 현금으로 샀다가 팔고, 팔았다가 사는 식으로(지금까지 대로), 하락세 시세라면 주식으로 매도와 매수를 반복하여(새로운 길의 개척) 주가의 흐름을 타서 이익을 취하도록 한다.

즉, 현물 주식 연계매매로 새로운 길이 열리고 이익을 위한 진로는 2배가 된 것이다. 더 나아가 「현물 주식 연계매매」를 하면 불안한 시기에 어쩔 수 없이 주식에 묶여 있는 상황에서 탈피할 수 있다. 게다가 새롭게 매매를 할 수 있게 되므로 주가의 움직임도 눈에 들어오게 된다.

즉, 현물 주식 연계매매는 단순히 연계매매의 역할만으로 길을 2배로 만들어 주는 것뿐만 아니라 보는 시야와 매매의 자유로움을 10배 정도로 넓혀주기 때문에 비약적으로 앞길을 열어준다. 10배 정도라고 하면 익숙하지 않은 사람한테는 좀처럼 이해하기 어렵겠지만 1~2년 현물 주식 연계매매를 하는 사람에게는 「과연 그렇구나! 천천히 여유롭게 매매를 할 수 있다」라고 실감할 수 있을 것이다.

연계매매는 차선의 수단이다.

연계매매는 결코 최선의 수단이 아니다. 매수하였지만 예측과 반대로 하락하여 종목이 묶이거나, 손절매를 해야 할 경우에 필요한 것이다.

① 최선(Best)은 가격이 내려가서 애물단지가 될 듯한 종목을 사지 않도록 조심하는 것이다.

② 차선(Better)은 일단 애물단지 주식을 보유하게 되면 연계매매를 해서 될 수 있는 한 빨리 털고 어떻게든 이익을 내는 것이다.

③ 최악(Worst)은 애물단지 주식을 보유한 채 주가가 크게 하락하거나, 저가에 손절매하거나 재워두는 것이다.

주식투자에서 뭐든지 매매만 하면 이익이 발생하는 방법은 존재하지 않는다. 「현물 주식 연계매매」가 아무리 만병의 특효약이라고는 하나 흐름과 반대 방향으로 매매한다면 이익은 나오지 않는다.

즉, 고가 매도 저가 매수하는 것이 불가능한 상황이라면 어떤 매매 방법을 동원하더라고 실패한다는 것이다. 단, 최악의 방법과 비교한다면 현물 주식 연계매매는 그나마 나은 방법이 된다.

주식시세는 위와 같이 최선의 경우만 있는 것이 아니며 「주식을 보유하지 않는 것이 가장 좋은 방어 수단이다.」라는 말까지 있을 정도이다. 실패 종목의 처리 방법에서 차선책으로 현물 주식 연계매매가 만능의 매매 수단이 되는 것이다.

생각을 바꿔야 앞이 보인다.

주식투자에서 손해와 이익이란

주식투자에서 손해와 이익이란 어떤 것을 말하는 걸까. 어떻게 되면 얼마 벌었다고 생각하는 것일까. 보통 대부분은 보유주식을 시가로 평가하여 현재의 손익을 결정한다는 것이 일반적이다. 그러나 시가란 실제로는 어제의 가격이다. 그 시가는 내일이 되면 변할지도 모르는 것이다. 그렇다면 최종적으로는 어떻게 계산을 하는 것인가. 이것은 영원히 결론은 나오지 않는다.

그렇다면 도중에서 이런 일을 할 필요가 없다. 미래를 읽지 못하면 이길 수 없다는데, 시가는 계속 변하는데 과거에 고정된 시가를 판단의 기준으로 할 뿐, 미래를 읽지 않으면 전쟁에 이길 수 없다. 이는 또 자산과 이익을 혼동하고 있다고 볼 수 있다.

생각해 보면 기관투자자도 자사의 보유주식이 내려가는 것은 내버려 두고 재정거래로 주머니에 들어오는 현재의 이익을 추구하고 있다. 이 「현물 주식 연계매매」도 재정거래와 마찬가지로 주식은 올라가도 좋고 내려가도 좋다는 생각이다. 그러나 보유주식을 시가로 평가하는 것은 가격이 내려가면 곤란하다는 전혀 상반된 생각이다.

그러나 현물 주식 연계매매(단, 이익 폭은 10~20%로 크다)는 재정거래(이익 폭은 1~2%로 작다)와는 달리 차액으로 이익을 내는 것이 아니다. 한 마디로 무엇이든지 매매만 하면 이익이 남는다는 것이 아니라는 것이다. 매수 후 주가가 상승하여 팔면 벌리고, 매도 후 주가가 하락하면 다시 매수하여 이익을 내지만, 이 상황이 거꾸로 움직일 때는 다시 처음으로 돌아가서 처리해야 한다는 점이 다르다. 그러나 이는 거래를 하기 위한 최저조건이다.

어떻게 하면 수익을 낼 수 있을까?

어쨌든 어떤 방법을 써서라도 좋으니까 한 달에 4%~10%를 번다.

이를 위해서는 어떻게 하면 좋을까. 예를 들어(물론 이런 방법을 사용할 생각은 전혀 없지만) 추가 증거금으로 곤란에 빠진 사람에게 월 4부의 이자로 주식을 빌려준다든가 생각해 보면 여러 방법과 수단이 있다. 따라서 보유주식이 내려갔다고 슬퍼만 말고 열심히 생각하는 것이 필요하다.

어떻게 생각해야 할지 모르겠다는 투자자들도 많이 있을 것이다. 그러나 이는 당연하다. 주식을 100% 이해하는 사람은 아무도 없다. 오히려 모르니까 이익이 나오는 것이다. 누구나 다 잘 알면 즉, 내려갈 것이라고 알고 있다면 매수하는 사람이 없어진다.

알 수 없는 주식의 앞날만을 생각하고 또 이를 성공하기 위한 수단과 방법을 생각하지 않는다. 그렇게 되면 방향이 완전 반대이다. 복권을 사는데 당첨인지 아닌지를 알 수 있다면 누가 꽝 복권을 사는 사람은 없다. 이는 도박이다. 그러나 걸지 않으면 이익도 없다.

따라서 만약 꽝이 돼도 만회할 수 있도록 100주 만이라도 매도하던가, 연계매매를 하던가 등의 방법으로 얼마나 자기의 주머

원칙❸ 생각을 바꿔야 앞이 보인다.

니 속에 이익을 챙겨 넣느냐를 중점적으로 생각해 가면 되는 것이다.

주가는 자신을 위해 존재한다.

재워둔 주식을 꼭 끌어안고 마치 주식을 위해 살아가는 듯한 예도 있다. 그러나 주식을 위하여 살아가는 것이 아니라 자신을 위해서 주식을 이용하자. 보유주식의 주가가 얼마가 되어도 상관없다, 자기의 주머니 속에 돈이 들어오면 되는 것이기 때문이다. 아이를 위해 살아가는 엄마 밑에서는 마마보이 아들이 생기는 것과 같다.

이익을 안겨다 줄 주식은 예뻐하게 된다. 그러나 예쁘고 귀한 자식일수록 엄하게 길러야 하는 법이다. 주식도 주가가 올라서 예뻐 보이기 시작하면 마음을 굳게 먹고 엄하게 기르는 것이 좋다. 과보호는 문제아를 낳는다. 또 언제가 될지도 모르는데 주가가 오르기만을 기다리지 말고 잠시 여행을 보내자. 만약 갖고 싶으면 내렸을 때 다시 매수하면 되는 것이다.

나중에 「생각해 보니 그때 매도해 버릴걸…」 이라는 생각은

「가지고 있어서 천만다행이다.」라고 생각할 때보다 압도적으로 많다. 증권회사를 위해서나 누구 명령으로 주식투자를 하는 것이 아니다. 자신을 위하여 즉, 「자기의, 자신에 의한, 자신을 위한 주식」인 것이다. 자기 사정에 맞춰서 거래하면 되는 것이다.

움직일 수 없는 저주에서 빠져나온다.

개인투자자는 주식을 매수가보다 비싸게 팔아야 한다. 또 고가일 때 매도하고 저가일 때 매수해야 한다. 등의 생각에 사로잡혀 있다. 그래서 자유롭게 매매하지 못하게 된다. 즉, 내 맘대로 움직일 수 없게 되어간다.

저주가 풀리면 자유의 몸이 된다. 이익이 나려면 무엇을 해야 할 것인가만 생각하면 된다. 그렇게 하면 기회는 얼마든지 있다. 고가권에서 매도하고 저가권에서 매수할 수 있다면, 매도 후 그 이상으로 올라도 매수 후 내려도 상관없는 것이다. 계속하여 매매하면 된다. 그것으로 원금이 증가하게 된다.

주식시장은 매수자와 매도자로 성립되어 있다. 어떤 주가라

할지라도 반드시 그 반대의 매매를 하는 사람이 존재한다. 어느 쪽이 이길지는 시간이 흐르지 않으면 모른다. 따라서 자기의 매매에서도 백전백승은 불가능하다는 것이다. 좋다고 생각하여 매수한 주식이 장세가 바뀌어 가격이 하락하여, 판단을 잘못했다는 생각이 들었을 때 때로는 대담한 새 출발도 필요하다.

　「손해를 보고 소득을 취하라, 지는 것이 이기는 것이다.」라는 말이 있다. 「고가에서 매도하고, 저가에서 매수한다.」를 계속 반복하면 되는 것이다. 시세가 움직이지 않으면 벌리지 않는다. 움직이는 사람이 이기고 움직이지 않는 사람은 지는 것이다. 한마디로 가벼운 마음으로 사고팔 수 없으면 언제까지나 승리를 얻을 수 없다.

과거를 볼 것인가? 미래를 볼 것인가?

　하락주에 대하여 과거에 산 가격만 보고 있으면 손실의 원인이 된다. 그리고 현재의 상식적인 견해로 보면 매수가를 모든 것을 판단하기 위한 기준으로 삼고 있다. 즉, 항상 과거의 매수가에 묶여 있게 된다. 대부분 개인투자자는 일부러 부정적으로 전의를 없애려고 과거만을 보는 것이다. 연계매매를 이해 못 하겠다는 것은 과거를 보고 있기 때문이다. 따라서 이제부터의 주식 시세에 합류하지 못하게 된다.

매수한 주식의 주가는 그 개인의 기분에 따라서 움직이는 특이한 것이다. 이것이 얼마가 되든 간에 주식은 지금의 주가로 세상에 통용되는 사회이다. 따라서 매수한 주식의 주가는 결코 상식적으로 생각되는 것처럼 일치된 것이 아니라 별개의 두 개로 생각할 수 있고, 또 별개로 생각해야 한다. 가령 주가가 상승하는 주식이라도 그것을 자신이 어떻게 이용하던 얼마를 팔아서 어떻게 처리하던 자유이다. 팔았을 때 반드시 손해 금액을 계상한다는 규칙도 세무 관계를 제외하면 아무것도 없다.

미래를 기준으로 본다면 하락 주라 할지라도 이익을 낳을 수 있는 귀중한 자산으로 도구가 될 수 있다. 즉, 연계매매를 할 수 있다. 주식시세는 과거를 보지 말고 항상 미래를 봐야 성공할 수 있다. 미래를 향하여 이익을 만들어 내는 것이다. 상식을 깨고 미래를 향하여 자산과 도구를 이용해서 자유로운 매매를 하면 되는 것이다.

보이지 않는 자산이 이익을 창출한다.

주식투자 전문가는 누구인가?

증권사 직원이라는 전문가가 말하는 것은 귀담아듣는 것이 좋다. 그러나 전문가가 말하는 것을 듣고 주식거래 전략의 기초를 세운다면 말도 안 되는 일이 일어날 수도 있다. 증권업계의 전문가라 해도 자칫하면 외국(특히 미국) 지식의 추종자에 지나지 않고 색다른 착상을 떠 올린다는 수준까지는 지식도 정신적 여유도 가지고 있지 않은 경우가 많다.

전문가에게 물어보면 십중팔구 그건 안된다는 대답이 돌아올 때도 있다. 자기들만의 세상 속에서 사고 범위가 좁기 때문일 수도 있고 어제까지는 전문가였을 지도 모르나 내일의 전문가는 아닐 수도 있다.

전문가의 상식이라는 것은 원래 보수적이다. 전문가는 비약할 수 없다. 오히려 백지에 가까운 아마추어가 일거에 새로운 시대에 필요한 아이디어를 낼 수도 있는 것이다.

미지근한 물에서 탈출하라!

뜨거운 물 속에 개구리를 넣으면 뜨거워서 금방 뛰어나온다고 한다. 그러나 미지근한 물 속에 개구리를 넣고 서서히 시간을 두고 뜨겁게 하면 어떻게 될까. 놀랍게도 개구리는 미지근한 물에 서서히 삶아져 서서히 죽는다고 한다. 죽을 만큼 뜨거워졌는지조차 모른 채 도망칠 타이밍을 놓치고 말기 때문이다.

투자자도 주식이 급락하면 놀라서 빨리 빠져나오려고 하지만 조금씩 떨어지면 「설마 큰일은 안 나겠지…」 하면서 느긋하게 지속하게 된다. 그러나 정신을 차렸을 때는 자기의 귀중한 자산을 그대로 두지도 팔지도 못하는 상태에 빠져 있는 예도 있다.

눈앞의 손해가 실현하는 것이 무서워서 아무런 조치도 취하지 못한 채, 이러다가 정부가 어떻게 해 줄 거라고 기다리다가 자산이 점점 잠식되어 큰 손해를 보게 되는 것이다. 그때가 되어서야 여기저기에 상담하거나 도와달라고 해도 이미 때는 늦었다. 살아남으려면 큰일이 일어나기 전에 미지근할 때 탈출해야 하며 정부가 아닌 자기의 결단과 용기로 움직여야 한다.

원칙❹ 보이지 않는 자산이 이익을 창출한다.

미지근할 때 빠져나와 성공투자자로 들어가는 사람과 미지근한 물 속에 계속 있다가 투자실패자가 되는 사람에게는 결정적인 차이가 있다. 한마디로 적극성이 있는 사람과 없는 사람이다. 할 수 있는 일은 뭐든지 하여 역경을 이겨내려고 하는 강한 의욕이 포인트이다.

실패자는 단순히 「실패하려는 방법」을 무의식중에 실행하고 있음에 불과하다. 모르는 것이 큰 애물단지가 될 수 있다. 자기의 실패 원인을 의식하지 못하고 증권사를 탓하거나 정책을 탓하고 사람을 탓하기 쉽게 된다.

성공의 노하우를 배워야 한다.

「이기는 습관」을 체득하려면 우선 이 「현물 주식 연계매매」라는 성공노하우(knowhow)를 알아야 한다. 그리고 그것을 「몸으로 체득하여야 한다.」 습관이 될 때까지 반복하여 의식하지 않고서도 성공노하우를 실천할 수 있는 상태가 되어야 한다.

이 단계에서야 비로소 「이기는 습관」을 체득하였다고 말할 수 있다. 노하우라고 하는 것은 돈을 내기만 하면 손에 넣을 수 있는 것이 아니다. 자신이 길러야 할 필요가 있다. 그리고 자기 몸에 익숙하게 만들려면 시간과 노력이 필요하다. 책을 읽거나 다른 사람에게 들었다는 것만으로는 아무런 능력을 발휘하지 못한다. 또, 익숙해져서 능숙하게 사용할 수 있게 되기까지의 시간과 노력이 경쟁 상대와의 우열의 차이를 낳게 되는 것이다.

성공하고자 하는 사람들의 노력이 빛을 보지 못하는 이유 중의 대부분은 이 「몸으로 습득한다.」라고 하는 것이 실패했다고 볼 수 있다. 그러나 「체득한다.」라는 것은 말처럼 쉬운 일이 아니다. 이것을 몸에 익히느냐, 못 익히느냐가 성공투자자와 투자실패자의 갈림길이 된다. 장래를 미리 읽을 수 있는 능력을 몸에 익힐 필요는 없다. 그런 것은 불가능한 일이고 그런 것을 추구하다 보면 좌절만 맛보는 노이로제에 걸리고 만다.

연계매매를 알아야 성공할 수 있다.

주식의 승패에서 열쇠가 되는 것은 「노하우 knowhow」이다. 즉, 보이지 않는 자산의 사용법이다. 앞에서 말했듯이 돈과 시간이 이익을 준다고 했는데 정확하게는 「시간×돈(보이는 자

원칙❹ 보이지 않는 자산이 이익을 창출한다.

165

산) × 노하우(보이지 않는 자산)」이 이익을 창출해내는 것이다.

그러나 지금까지는 「돈」 밖에 생각하지 못했었다. 그러나 주식시장을 비롯하여 어떤 종류의 금융 비즈니스라도 그저 돈만 투입하고 시간만 지나면 이익이 생기는 그런 돈벌이는 없다.

그나마 가능성이 있는 것은 저금리의 은행 예금뿐이다. 그 이상의 수익을 내려고 하면 어떤 분야에서든지 어느 정도의 노하우가 필요해지게 된다. 크게 이익을 내려면 낼수록 노하우 없이는 무리이다. 생각하는 법, 기술, 대범함 등 여러 종류의 눈에 보이지 않는 자산인 노하우가 필요한 것이다.

현물 주식 연계매매라고 하는 보이지 않는 자산이 주식투자의 전략상 중요한 이유가 2가지 있다. 하나는 주식투자라는 심리전쟁 속에서 프로에게조차 지지 않는 심리적 여유를 손에 넣을 수 있다는 점과 다른 하나는 한 치 앞도 알 수 없는 변화가 심한 주가에 대응할 수 있게 된다는 점이다.

주가의 변화는 이 세상에서 가장 변화가 심하며 이를 따라간다는 것은 결코 쉬운 일이 아니다. 이러한 주가의 대응 방법을 어렵게 생각하지 말고 주가가 오르면 팔고 내려가면 다시 매수할 수 있도록 수련을 하는 사람들에게도 하기 쉽도록 구축한 것이 현물 주식 연계매매이다.

5장

주식투자는 심리와 전술이다.

❶ 머리가 아닌 마음으로 싸운다.

❷ 욕망과 감정이 함정을 만든다.

❸ 지식과 기술을 습관으로 체득한다.

❹ 주가는 많은 착각을 만든다.

❺ 방해물은 잘라 버린다.

❻ 필승보다는 불패를 지향한다.

머리가 아닌 마음으로 싸운다.

① 주가는 의외성에 거는 것이다.

지금 자기의 생각으로 사야 하는 이유가 있어 매수해도 그것은 이미 지금의 주가에 반영되어 있다. 좋은 정보나 재료가 있었다고 한들 그것은 미래의 값이 오르는 요인이 아니다. 향후의 주가는 이제부터 일어나는 의외의 사건에 의해 결정이 된다.

② 현재가치와 미래가치의 판단

주가는 지금의 젊은이 능력을 보고 장래 어떤 인간이 되어 있는지 예상하는 것이다. 그러나 도중에 병이 날지 죽어버릴지 거기까지 모른다. 도박이 된다. 회사도 과거의 실적으로부터 장래를 예상해 보아도 더욱 발전할 것인지 어떤지 알 수 없다.

③ 예측하지 않는 사람일수록 강하다.

앞으로의 장세를 예측해서 대처하려고 해도 좀처럼 모든 것은 예측할 수 없다. 바둑이나 장기에서도 프로는 예측하지 않는 사람일수록 강하다고 한다. 세세히 읽고 두는 수보다도 오히려 그 때그때 생각하여 대처하는 수가 맞는 경우가 많다.

④ 벌 수 있는 확률은 4분의 1이다.

주식을 산다고 하는 것과 벌어서 판다고 하는 것은 완전히 독립한 2가지의 행동이다. 오를지 내려갈지 둘 중 하나이기 때문에 성공할 확률은 매수 50%, 매도 50%이다. 매도와 매수 양쪽 모두에 성공하여 확실하게 이익을 손에 넣는 확률은 25% 즉, 4분의 1이다.

⑤ 주식시장은 장님들의 모임이다.

투자자는 자기의 견해나 정보에 따라 같은 종목인데도 사는 사람과 파는 사람으로 갈라진다. 주식시장은 「장님들이 코끼리를 쓰다듬는다.」 라고 하는 격언과 같이 반대인 견해를 가진 사람들의 모임이다. 자기만은 장님에 들어가지 않고 내려가면 사고 오르면 파는 것이 제대로 된 것이다.

⑥ 투자는 지식의 싸움이 아니다.

연애에 필요한 것은 섹스 방법을 해설한 성 지식 등이 아니다. 애정이다. 주식투자에 필요한 것은 경제지식 등이 아니다. 내려간 주식을 살 수 있는 배짱이다. 주가는 지식의 싸움이 아닌 앞으로 어떻게 될 것이냐고 하는 예측의 싸움이 되기 때문이다.

⑦ 지식은 지혜를 당할 수 없다.

여러 정보를 모아 지식을 늘리고 그것을 바탕으로 주식을 매매하려고 하는 경우도 많다. 그러나 정보와 지식은 함께 퇴각하는 것이고 주가의 변동은 미래의 것이다. 그러므로 지식에 의지하지 않고 자기의 지혜를 활용하지 않으면 시세 전쟁에서는 이길 수 없다.

⑧ 공포를 살 수 있을지의 담력 시험이다.

주식투자는 자기의 전망이 적중할 것인가 아닌가의 게임이 아니다. 거금을 취하느냐 빼앗기느냐의 욕심과 공포의 담력 시험이다. 자기의 기분과 싸움이다. 그러므로 돈을 내지 않는 매매 연습에서는 잘되어도 실전에서는 도움이 되지 않는다.

⑨ 출구가 없으면 살 수 없다.

인간은 도망갈 길이나 출구가 없는 막다른 골목에는 무서워서 들어갈 수 없다. 본능적으로 싫은 것이다. 그러므로 주식을 싸게 사려고 할 때는 살 기회를 놓쳐도 된다고 하는 도망갈 길이 필요하다. 이식매도 할 때는 매도 후에 폭등해도 좋다고 하는 기분으로 도망갈 길이 필요해진다.

⑩ 투자에 필요한 것은 감각이다.

주가의 전망은 아무리 분석 및 연구해 보아도 확실히 알 수 없다. 앞이 잘 보였다고 생각해서 승부를 걸면 도리어 당하는 경우가 많다. 최후의 결정적인 요소는 「연구」나 「분석」이 아니고, 동물적인 「감각」이 된다.

⑪ 느낌이란 초과학적이다.

인간의 감이라고 하는 것은 컴퓨터에 들어가지 않는 요소까지 계산할 수 있는 분석력이다. 감으로 움직이는 사람의 머리는 컴퓨터를 뛰어넘는 초과학적이다. 순간적인 때의 판단이나 시세가 적중한다. 적중하지 않는다는 그 감에 의한 점이 크다.

⑫ 테크닉은 안전을 골라낸다.

세상은 어디에서도 그렇지만 고생하지 않고 쉽게 그리고 안전하게 폭리를 취할 방법은 없다. 주식시세에도 위험한 폭리와 안전하고 확실한 적은 이익의 길이 혼재하고 있다. 안전하고 견실하게 벌어 가는 것이 비즈니스로 그것을 골라내는 것이 주식투자의 기술이다.

⑬ 느낌을 보충하는 것이 테크닉이다.

뛰어난 감각으로 움직여도 백발백중은 되지 않는다. 감도 만능이 아니기 때문이다. 주가가 빗나갔을 때 또 빗나가지 않도록 자기의 감각을 보충하는 것이 시세의 테크닉(technic)이다. 감각은 실전이 아니면 익힐 수 없지만, 테크닉은 책으로라도 공부할 수 있다.

욕망과 감정이 함정을 만든다.

① 주식시장에는 괴물이 있다.

주식시장은 돈의 망자들(국내외투자자)의 심리가 응축되어서 태어난 괴물이다. 투자자의 마음속을 간파한 것처럼 사면 내려간다고 하는 어쩔 수 없는 움직임을 보인다. 괴수에게 이기는 방법은 단 하나, 욕망이나 감정 등으로 움직이는 자기의 기분과는 반대로 하는 것이다.

② 욕망으로 눈앞이 흐려진다.

사람은 욕망의 동물이기 때문에 누구나 10만 원의 이익보다 100만 원 쪽이 좋다고 생각한다. 그것을 획득할 수 있을 것인가 아닌가보다도 단지 획득하고 싶다는 강한 원망으로 행동한다. 그러므로 물건을 보는 눈이 흐려지고 원인과 결과를 잘못 보거나 주가의 상한가를 잘못 보거나 한다.

③ 매도 시에 마귀가 나온다.

매도 시에는 「끝없는 욕망」이라고 하는 귀찮은 것이 뭉게뭉게 머리를 내민다. 그 욕망이 일을 잘 진척시켜 주면 좋지만, 오히려 성공을 방해한다. 그러므로 그 욕망의 컨트롤이 주식시세에서의 승패의 열쇠를 쥔다.

④ 숫자는 마성을 가지고 있다.

손해(마이너스)일 때는 손익이 제로라도 좋다. 제로일 때는 10만 원의 이익이라도 많다. 10만 원의 이익이 있을 때는 100만 원의 이익을 얻고 싶다고 생각한다. 그렇게 해서 욕심이 커져 팔 수 없게 되어, 결국은 주가 하락의 지옥에 떨어지게 되는 것이다.

⑤ 욕망의 컨트롤은 어렵다.

우리 일반 사람들은 돈벌이에 혈안이 되어 있다. 주식도 기다리고 있으면 더욱 오를 것이라고 하는 덧없는 희망을 품는다. 그러므로 그만 때가 지나버리는 경우가 많다.

원칙❷ 욕망과 감정이 함정을 만든다.

⑥ 역전의 발상이 이익이 된다.

건어물 가게에서 건조하는 물고기는 매일 까마귀에게 먹혀 아무리 쫓아도 효과가 없었다. 그때 역전의 발상으로 쫓아버리지 않고 남아서 버리는 것을 모이로 주었다. 까마귀는 그것으로 배가 불러 상품을 들쑤셔 먹는 피해가 없어졌다.

⑦ 주식투자 이익은 공포의 보수이다.

주식투자에서는 일해서는 얻을 수 없는 것 같은, 막대한 벌이를 손에 넣을 수 있다. 그러나 일단 실패하면 많은 금액의 돈을 한 번에 잃어버려 비참한 결과로 끝난다. 그러므로 그 이익은 위험을 무릅쓰고 자산 상실의 공포를 느끼는 것에 대한 보수이다.

⑧ 안심할 수 있는 매매는 실패한다.

시세가 오르는 중에는 안심하여 살 기분이 든다. 그러나 오르는 곳에서 매도나, 내려가는 곳에서 매수는 무섭다. 공포를 피하고 안심하면서 매매하려고 하면 실패하여 손해를 본다.

⑨ 주식투자는 빙산이 떠다니는 위험의 바다이다.

주식투자는 빙산이 떠다니고 폭풍이 거칠게 불어대는 위험의 바다이다. 투자자는 그 안을 항해하여 보물섬에 다다르는 것이 목적이다. 거기에서는 공포심이나 안심하고 싶은 마음은 큰 적이다. 위험을 두려워하지 않고 거는 담력이 아군이다.

⑩ 불안은 이성을 추방한다.

감정 속에서 처리에 어려움을 겪는 것이 불안감이다. 때와 장소를 막론하고 거리낌 없이 머리를 들어 올린다. 알아차리지 못할 만큼 작은 불안의 싹이 순식간에 성장하여 자기의 기분 전체를 점령한다. 인간의 이성은 불안 앞에서는 완전히 무력한 경우가 많다. 불안은 이성을 추방하는 것이다.

⑪ 여유가 없으면 무서워진다.

인간은 이성으로 움직일 작정이라도 희로애락이라고 하는 감정으로 움직이는 쪽이 많다. 그러므로 상황이 나빠도 자신이 안심할 수 있는 동안은 주식을 팔 마음이 생기지 않는다. 세상의 상황보다도 자신이 여유가 있고 없음에서 불안을 느끼면 팔고 싶어진다.

⑫ 인정 많은 사람은 실패한다.

주식시장에서의 매매는 가장 순수한 경제행위다. 인간관계나 의리는 인정은 없고 손익의 계산만이 있는 비인간적인 세계다. 그러므로 감정이 풍부하고 의리와 인정이 많으며 욕심이 없는 인간미 두터운 사람은 성공하기 어렵다.

원칙❷ 욕망과 감정이 함정을 만든다.

⑬ 기분이 함정이 된다.

내려가는 것이라면 팔고 싶고 오르는 것이라면 사고 싶다. 그것이 자연스러운 기분이다. 그러나 그렇게 생각해서 매매하면 시세는 반대로 움직인다. 그것이 함정이다. 기분에 반항해서 내려가면 사고, 오르면 팔아 두는 것이 벌리는 방식이다.

⑭ 빌붙어서 벌려고 하면 실패한다.

매매를 타인에게 맡기고 이익의 과실만 원한다고 하는 생각은 응석이다. 그것은 갈수록 빌붙어서 벌고 싶다고 하는 유치원 언니의 생각이다. 자기의 행복과 불행을 남한테 만들어 달라고 하면 행복보다도 불행을 가져온다.

⑮ 팔고 싶다는 기분은 때가 지나고서 온다.

내려간다고 생각해서 팔고 싶은 기분이 드는 시점은 최고가보다 훨씬 아래로 내려갔을 때이다. 그러므로 내려간다고 생각해서 팔아서는 늦어진다. 오르면 파는 것이 좋다. 좀 더 오르면 팔자고 생각했을 때 거기가 최상의 매도 시점이 된다.

지식과 기술을 습관으로 체득한다.

① 경제학은 방해된다.

영어를 말하고자 하는 때에 영문법은 필요 없다. 도리어 방해된다. 주식의 매매에서 정치·경제의 원론은 필요 없다. 도리어 방해된다. 주식투자는 심리전쟁의 무대이기 때문에 인간 심리를 쓴 연애소설 쪽이 도움 된다.

② 헤엄칠 수 없어도 수영장에 들어간다.

제대로 헤엄칠 수 없을 때 완전하게 헤엄치지 않으면 안 된다고 생각하면 무서워서 수영장에 들어갈 수 없다. 수영의 지식을 몸에 익히고 나서 수영장에 들어가려고 하면 계절이 바뀌어 얼마 지나면 헤엄칠 수 없다. 헤엄을 못 쳐도 좋으니까 수영장에 뛰어들어서 물에 익숙해진다. 주식도 우선 매매부터 해서 시세에 익숙해진다.

③ 지혜나 기술은 습관으로 몸에 익는다

영어는 학교에서 가르치고 있지만 학문이 아닌 기술이다. 주식도 학문이 아닌 승부의 기술이다. 지식은 읽는 것으로 얻을 수 있지만, 기술이나 지혜는 배워도 제대로 되지 않는다. 기술이나 지혜는 훈련으로 움직이게 된다. 주식도 지식으로 배우기보다 몸으로 익숙해지면 된다.

④ 몸으로 익힌 것은 잊지 않는다.

몸으로 익힌 것은 지식이 아닌 지혜가 되므로 잊지 않고 응용할 수 있다. 걷고 있을 때는 책상 앞에서는 생각나지 않던 아이디어가 떠오른다. 뇌는 머리에 있지만, 손은 제2의 뇌, 발은 제3의 뇌, 엉덩이는 제4의 뇌다.

⑤ 머리로 생각하지 않고 몸으로 싸운다.

인간은 모두 같은 육체와 같은 머리를 가지고 있다. 머리로 생각하고 있어서는 다른 사람들과 같은 것밖에 할 수 없다. 머리를 텅 비게 하여 몸으로 매매하는 것이 벌리는 길이다.

⑥ 타인의 에너지를 이용한다.

열광적인 시점에서 매수한 사람은 그 후에 이어지는 누군가의 열광적인 매수를 기대하고 있다. 그러나 누군가의 매수는 그 기대처럼 계속되지 않는 경우가 종종 있다. 그러면 그 사람의 에너지는 그전에 산 사람을 벌게 하였을 뿐이 되어 버린다.

⑦ 우선 지키는 것부터 출발한다.

유도는 이기는 것보다 우선 방어로 자기의 몸을 지키는 것부터 시작한다. 시세도 유도와 같이 타인을 이용하는 게임이다. 그러므로 버는 것보다 손해를 보지 않는 매매(방어)를 한다. 그것이 성공의 출발점이 된다.

⑧ 가질 기회를 잃어도 당황하지 않는다.

매도 시기를 놓치거나 매수시기를 놓치는 것은 야구에서의 삼진과 같아서 가끔 있다. 그러나 매수시기를 놓쳐도 손해는 없으므로 당황하여 쫓지 말고 다음을 기다린다. 매도 시기를 놓치면 방법이 없으므로 최저가에 팔거나 하지 않고 다음 산을 기다리도록 한다.

⑨ 알고 있는 것과 할 수 있는 것은 다르다.

알 기회는 많지만, 그 지식을 몸으로 익히고 잠재의식 속에 박아 넣는 것이 중요하다. 그렇지 않으면 막상 실전에서 그 익힌 것을 할 수 없다고 하는 예도 있다. 그것은 머리로 얻은 지식이 잠재의식 속에서 형태를 이루고 있지 않기 때문이다.

⑩ 몇 번을 해도 틀린다.

주식시장에서는 의외의 움직임이 많아서 이번이야 말로라고 생각해도 몇 번이고 해도 틀린다. 투자의 경험은 겹치지 않기 때문에 이론적이 아닌 도전적인 매매 쪽이 좋다. 상처투성이가 되어서야 강해진다. 부상이나 상처를 두려워해서는 강하게 될 수 없다.

⑪ 틀어박혀 「전문가」가 되다.

놀이도 투자도 「전문가」가 되면 정말 재미있어진다. 「전문가」가 되려면 그 세계의 독특한 사고방식에 익숙해질 때까지 빠져야 한다. 「빠져 있다」란 머리를 유연하게 해서 일상다반사와 같이 그 세계에 익숙해져 친숙해지는 것을 말한다.

⑫ 잘하게 되면 자연히 벌린다.

투자에서는 무엇이든지 괜찮으니까 벌리기만 하면 된다고 하는 사고방식도 있다. 그러나 마작·야구 등 설령 취미라도, 잘하게 되지 않으면 이길 수 없다. 그러므로 이익보다 숙달을 목표로 하는 편이, 도리어 벌리게 된다.

⑬ 명인의 재주보다 장인정신

아마추어는 열에 하나는 페어플레이를 바라고, 그것으로 결과 (이익)가 나빠도 후회하지 않는다. 그러나 하나의 훌륭한 기술에서 얻을 수 있었던 이익으로는 아홉 개의 손실은 메울 수 없다. 그러므로 프로는 간혹 명인의 번뜩이는 재주보다 매회를 반복하여 이익을 취하는 장인의 정신으로 이익 목표를 달성한다.

⑭ 패배를 알아야 한다.

프로는 시종일관하고 있기에 잘 안되는 것도 당연시한다. 걱정하지 않는다. 아마추어는 간혹 잘하자고 힘이 넘치기 때문에 생각하는 것처럼 되지 않는다고 열 받는다. 이기는 것밖에 생각하지 않고 있어서 뒤처지면 괴멸되어, 주변이 나쁘다. 자신이 나쁘다 떠들어댄다.

⑮ 손재주는 흉내 내도 괴로워질 뿐이다.

각각의 매매로 프로 흉내와 같은 어려운 일을 해보아도 괴로워질 뿐이다. 아마추어는 아마추어답게 분산하여 하한가에 매수하거나 소폭이라도 연계매매를 하는 것이 좋다. 프로가 놀이가 아닌 일로서 주식을 대하는 태도는 많이 보고 배워야 한다.

주가는 많은 착각을 만든다.

① 최저가 매수 최고가 매도는 그림의 떡이다.

주식투자에서 최저가 매수에 최고가 매도는 그림의 떡이다. 주식투자에서 이익을 내는 것은 그림으로 그린 떡처럼 아름답고 선명하게 투자할 수 없다. 도리어 낭패를 보게 된다. 주식투자는 실제 떡을 만들어 먹는 것처럼 해야 투자수익을 내는 맛을 볼 수 있다.

② 욕심쟁이가 빈틈이 많다.

주식의 매매를 할 때가 되면 신중하게 생각하여 빈틈없이 하고 싶어진다. 많이 벌고 싶다는 욕심이 꼼꼼하게 하지만 그것이 실패의 원인이 된다. 그것이 되지 않고 초조함의 올가미에 빠진다. 평소처럼 하면 된다.

③ 상대가 있는 것은 한 걸음 양보한다.

세일즈맨은 일에서 규칙적으로 좋은 성과를 얻고 싶다고 생각한다. 그러나 상대가 있는 것이기 때문에 좀처럼 자신이 생각하는 것 같이는 되지 않는다. 주식투자도 주가라고 하는 감당할 수 없는 상대가 있다. 손해만 아니면 어찌 되어도 좋다고 생각한다.

④ 감점 방식인가 가점 방식인가.

감점방식은 100점에서 출발해서 실패를 감점해 간다. 가점 방식은 0점에서 출발해서 성공을 더 해 간다. 가점 방식은 손절매라도 실망하지 않고 이익매매로 점수를 늘려간다. 보통은 감점방식으로 매매하기 때문에 실패하면 전의를 상실하여 이익이 나지 않게 된다.

⑤ 알았다고 생각하는 것이 위험하다.

주식시장에서 미래 장세를 알았다고 생각하고 안심하여 크게 매매하면 대개 당한다. 장래는 좀처럼 알 수 없는데도, 그것을 알았다고 생각하는 것은 가장 위험한 것이다. 확신을 할 수 있을 때는 위험신호이다. 대개는 반대로 움직인다. 모른다고 생각하는 편이 안전하다.

원칙❹ 주가는 많은 착각을 만든다.

⑥ 위험한 다리와 안전한 다리

공황 상태일 때 안전한 다리에는 사람이 몰려나올 만큼 많이 몰려온다. 그러면 오히려 밀려나고 뒤떨어져서 위험해진다. 위험한 다리는 건너는 사람이 적다. 그러므로 안전한 다리보다 안전하게 건널 수 있다.

⑦ 군자처럼 행동하기는 어렵다.

변화무쌍한 시세에서 이기려면 군자처럼 행동하는 것이 바람직하다. 그러나 제대로 행동하는 것은 실제로는 어렵다. 행동할 때마다 손해를 본다. 일반인은 갑작스레 바꾸지 말고, 하한가에서 매수하여 소폭 벌이로 완고하게 매매를 고집하는 것이 좋다.

⑧ 좋은 방법이 나쁜 결과를 만든다.

건강 때문에 조깅(jogging)을 시작했다가 심장 마비로 죽는 경우가 있다. 좋은 일을 할 작정으로 하였으나, 나쁜 결과가 일어나는 일이 제법 있다. 주식투자에서도 지금 자신이 좋은 방법이라고 생각해도 끝까지 그런 생각을 하지 않는 것이 좋다.

⑨ 주가 예측은 불가능과의 싸움이다.

미래의 기업의 업적이나 신기술의 개발 등은 거의 불확실하여 예측은 불가능하다. 미래의 정확한 주가 예측은 몽상이 된다. 그러므로 미래에 거는 투기나 투자는 불가능의 싸움이 된다.

⑩ 판단의 척도는 없다.

세상에는 사물을 판단하는 기준이나 척도가 있지만, 우연히 움직이는 주가는 일절 없다. 과거의 움직임이나 세상의 변화로부터 새로운 척도가 생겼다고 생각될 때가 있다. 그러나 시세는 그때부터 또 다른 척도로 움직여 가는 것이다.

⑪ 의지할 수 있는 것은 자신뿐이다.

시세는 미래이기 때문에 아무도 자신을 가질 수 없다. 그러므로 권위자에서 근거를 구하려고 한다. 권위 있는 「잘 맞추는 사람」이라든가 지금까지의 관례라든가 정보 · 재료 · 괘선 등이다. 그러나 시세에서는 권위자도 의지할 수 있는 것도 아무것도 없고 자기의 결단밖에 없다.

⑫ 지나치게 좋은 것도 이상하다.

잘 안될 때는 이상하다고 생각하고 반성하지만 지나치게 잘될 때도 이상한 것이다. 때때로 몇백 원폭을 버는 것처럼 크게 맞추기도 하지만, 그때는 이상하다고 생각하여 반성하지 않는다. 그러나 대성공일 때에야말로 큰 손해의 씨앗이 뿌려져서, 어느날 돌연 큰 손해가 발생하는 것이다.

⑬ 시세는 크게 벌지 못하게 한다.

주식시세를 옆에서 보거나 듣거나 하고 있으면 제법 크게 벌 수 있을 것 같이 생각된다. 그러므로 그럴 작정으로 자신도 큰 이익을 노리면 도리어 당해버린다. 그러나 조금씩이라면 벌 수 있다. 시세의 그러한 성격에 맞추는 편이 낫다.

⑭ 고수익을 노리면 고위험이 따른다.

신용으로 사서 큰 손해를 보았으므로 「신용은 위험하다.」라고 결론짓는다. 그러나 그것은 실수다. 살짝 바꾸기를 하는 것이다. 사실은 그렇지 않고 「큰 이익을 노리는 것이 위험하다.」라고 하는 것이 된다.

⑮ 할 수 없는 것이 많이 있다.

시세의 세계에서는 이상하게도 불가능한 이야기가 많이 있다. 적당한 이식매매는 할 수 있지만, 이상적으로 최고가를 파는 것 등은 좀처럼 할 수 없다. 사람은 그러나 이상적으로 파는 방책이 어딘가에 있다고 생각하고 그 탐구를 포기하지 않는다.

⑯ 불가능을 요구하면 파멸한다.

불가능한 것을 가능하다고 착각하고 추구해 가는 경우가 있다. 그것들에 혹하여 불가능의 숲에 억지로 들어가면 두 번 다시 못 빠져나온다. 그렇게 해서 계속 좌절해 가면 자신을 잃어버리고 파멸하게 된다.

방해물은 잘라 버린다.

① 남의 것은 자기의 것이 아니다.

호화스러운 별장이나 한 끼에 몇만 원씩이나 하는 맛있는 음식, 그것들은 남의 것이다. 1,000원의 점심, 조그만 내 집, 이것이 자기의 것이 된다. 이처럼 사람의 벌이나 시세의 최고가는 남의 물건, 약간의 이식매매금이 자기의 것이 된다.

② 파는 것은 스스로 결정할 수 있다.

언제 얼마의 이익으로 팔지 언제까지 지속할지는 스스로 결정할 수 있다. 얼마까지 오를지는 신이 정하는 것, 자신이 생각했다고 해도 어쩔 수 없다. 그것을 제멋대로 정해서 거기에서 팔려고 하면, 팔 기회를 놓치는 벌을 받는다.

③ 모두와 함께해서는 도움이 되지 않는다.

화재 시에 모두와 함께 본능적으로 안전할 것 같은 바람이 불어가는 쪽으로 도망치면 오히려 위험해진다. 그때는 불을 향해서 도망치라고 말하듯이, 자기의 생각으로 위쪽으로 도망치면 목숨을 건진다. 주식도 모두가 파는 하락장세에서 자기만은 매수로 향하면 잘 된다.

④ 남이 하는 것을 보고 대리만족하지 마라.

잘 안될 때 타인도 같은 곤경에 있다고 듣고 안심해도 어쩔 수 없다. 타인과 같아서 어쩔 수 없어서는 자신도 얻을 수 없다. 시세는 실패자가 다수파이고 소수파가 성공자가 되는 곳이다.

⑤ 평론가는 결과론만 말한다.

평론가는 결과를 보아서 논하는 채점자이다. 실무자에게 높은 점수(100점 만점)만을 요구한다. 실무자는 그러한 것은 신경 쓰지 말고, 조금이라도 높은 점수(60점 합격)를 얻으면 된다. 100점은 결과론이 아니면 딸 수 없다. 실전에서 이기면 되는 것이다.

⑥ 돈을 취할 것인가?, 명예를 취할 것인가?

남에게 자랑할 수 있는 것 같은 벌이 방법을 하고자 하면, 실패하기 쉽다. 손해가 있어도 좋고, 인색하게 버는 방법이라도 좋다. 어쨌든 원금을 늘린다. 시세에는 수치도 체면도 없고, 사람의 평판 등이 아닌 자기의 이익밖에 없다.

⑦ 꼴사나워도 이기면 된다.

전쟁에서는 가슴이 후련해지는 것 같은 승리는 좀처럼 없다. 꼴사나운 괴로운 싸움이라도 승리만 하면(벌 수만 있다면) 된다. 주식도 산전수전 다 겪으면서도 벌 수 있으면 된다. 그 이외에는 아무것도 없다.

⑧ 과시하고 있으면 손해를 본다.

주식은 신기한 부분도 있어 별세계이기 때문에 무심결에 자기의 지식을 사람에게 과시한다. 그 쾌감에 취해 있으면 그동안에 기회를 놓친다. 지식을 과시하면 잘 되는 것 같은 샐러리맨의 세계와 주식은 다른 세계이다.

⑨ 타인의 주식보다 자기의 이익이 중요하다.

자기의 손익이 중요한데도 그것을 보지 않고 타인의 보유주식을 걱정할 수가 있다. 귀중한 것을 내버려 두고 그 주변을 걱정하고 있어도 벌 수 없다. 쓸데없는 것을 생각하고 있으면 「주식

원칙⑤ 방해물은 잘라 버린다.
191

정리를 쉽게 보면 결국 자신도 쉽게 정리되는」 것이 된다.

⑩ 쓸데없는 것이 방해한다.

통장에 자금이 남아 있기에 빨리 산다! 이익을 내었기에 빨리 판다! 현금화하였기에 내버려 둔다! 이같이 자신에게 쇠고랑을 채우는 경우가 있지만, 그것들은 쓸데없는 것이다. 생각하는 것은 단 하나, 오를지 내려갈지 뿐이다. 자유의 몸이 되어서 매매해야 한다.

⑪ 독장수셈*은 하지 않는다.

독장수셈만으로 들어가지 않는 돈이나 놓친 이익금, 나가는 손해금의 계산을 생각해도 소용없다. 그것보다는 호주머니에 들어 있는 실제 이익을 정확히 계산하지 않으면 안 된다. 주식의 매매는 꿈을 꾸는 술래잡기가 아니고 돈벌이의 비즈니스이기 때문이다.

⑫ 주식의 매매에는 손익밖에 없다.

주식을 매매하면 반드시 손익이 생긴다. 즉, 경제적인 행위로 결단코 깨끗하고 아름다운 일이나 자선 사업이 아니다. 그러므로 이익이 되는 것 같은 행동만이 필요하고, 그 이외는 일체 필요 없다.

---

* '독을 파는 사람의 계산'이라는 뜻으로 실현 가능성이 없는 허황된 계산을 하거나, 헛수고로 애만 쓰는 것을 이르는 말이다.

⑬ 벌이의 방해는 잘라 버린다.

벌려면 하한가 매수에 상한가 매도가 기본으로 지극히 단순한 일이다. 그러나 그것을 방해하는 요소가 가득히 있다. 〈이치 · 정보 · 예상 · 욕심〉 등이다. 그러므로 그것들을 잘라 버리면 기본에 충실한 벌리는 적절한 조처를 할 수 있게 된다.

⑭ 손해의 불씨는 내버려 둔다.

일반적으로 보유주식 중에서 내려간 것(=손해의 불씨)만 걱정하여 신경 써서 보지만, 그리고 오른 것(=이익의 불씨)은 안심하여 내버려 둔다. 하지만 반대로 해야 한다. 이익은 취하고 불씨는 타오를 때까지 내버려 둔다. 이를 반대로 하고 있으면 벌 수도 없고 손해를 보는 것은 당연하다.

⑮ 버는 것에 집중한다.

성공하기 위해서는 정신을 집중시키는 것이 필요하다. 시세에서 이익 이외의 쓸데없는 것을 생각하고 있으면, 아주 중요한 것에 집중할 수 없다. 과거를 잊고 지식에도 혹하지 않고 장래를 향해서 버는 것에 집중한다.

원칙❺ 방해물은 잘라 버린다.

필승보다는 불패를 지향한다.

① 비하나 자학은 커다란 적이다.

주식투자에서의 자기의 실패를 득의양양하게 이야기하고, 사람을 웃기는 일도 있다. 그러나 자신을 비하하고 자학해서 위로하는 사람 중에 명승부사는 없다. 자기의 이익을 내는 매매 기술 미스(miss)라고 생각하고 자책할 시간에 능숙해지도록 매매 방법의 기술을 연마하는 편이 좋다.

② 자신감은 방해된다.

실제 사회에서 자기의 의견을 강하게 가져서 일을 하는 것은 바람직하다. 그러나 시세에서는 자신감은 오히려 방해된다. 깜박하면 손해의 원인이다. 신밖에 모르는 시세의 앞날에 자신을 가져도 어딘가에 실수가 숨겨져 있기 때문이다.

③ 대세는 파악할 수 없다.

사물의 변천에는 그 전후에서 싹 변화되는 전환점이 있다. 그 도래를 사전에 예지하는 것은 어렵다. 외부의 기세에 영향을 받아서 내부의 변화를 놓친다. 흐름이 대세 시황이라고 하는 것은 지혜와 경험이 없으면 좀처럼 익숙해지지 않은 것이다.

④ 수양버들 나무는 눈이 쌓여도 부러지지 않는다.

자기의 전망에 강한 신념을 지니고 전력투구할 수가 있다. 그러나 그 전망이 반대되면 궤멸적인 타격을 받는다. 주식투자에서는 언제든지, 유연한 대응을 할 수 있는 사고방식과 행동이 필요하다.

⑤ 실적 장세가 성공하기 쉽다.

활황장세 예상에서 장세를 전망하여도 소강 장세를 눈앞에 두고 주가의 움직임에 마음을 빼앗긴다. 사람은 활황장세가 계속된다고 생각하여 계속하여 매수할 수 있을 만큼 강하지는 않다. 그러므로 실적 장세의 움직임에 편승하여 매수매도하는 정도로 움직이면 마침 좋은 것이다.

⑥ 골프장에서는 달리지 않는다.

골프장에서 야구 시합과 같이 전력 질주해도 이길 수 없다. 무엇을 하면 좋을지 하면 오히려 마이너스가 될지는 각각 다르다.

원칙❻ 필승보다는 불패를 지향한다.

시세에서도 좋다고 생각해서 하는 것으로 해서는 안 되는 것이
가득 있다.

⑦ 파멸형 투자자 성향

자기의 주장에 몰두하여 타인이 말하는 것이 귀에 들어오지
않는 사람. 오를 것 같다고 하는 이야기에 바로 뛰어드는 사람.
언제나 간단히 손절매하고 바로 갈아타는 사람.

⑧ 주식투자 전장에서 지는 버릇

「긴 꼬리」=매수한 것이 마지막까지 좀처럼 팔 수 없다. 욕
심이 지나치게 많다. 「긴 전화 통화」=길게 이야기한 후가 아
니면 매매 주문을 결단할 수 없다. 「긴 생각」=언제까지도 결
단을 내릴 수 없다. 그사이 가격이 자꾸 변한다.

⑨ 상식으로 돈은 벌리지 않는다.

주식은 상식적인 이론으로 누구나 벌 수 있도록 하는 것은 불
가능하다. 이리저리 비틀어보아도 비틀어진 생각만으로도 이길
수 있게 되어 있다. 그러므로 상식적인 이치를 움직이기보다 아
무것도 생각하지 않고 백지로 임하는 편이 낫다.

⑩ 일하는 방식으로는 이길 수 없다.

우리가 익히는 세상의 상식이나 사고방식은 시세에서는 통용

되지 않는다. 오히려 그러한 사고방식은 시세에서 실패할 원인이 된다고 생각하는 편이 낫다. 그러므로 일터에서 성실하게 일할 생각으로 주식투자에 임하면 오히려 지독한 일을 당한다.

⑪ 유행족보다 소폭 이익 투자족

급등하는 재료를 쫓는 개인투자자는 주식거래에서의 유행에 민감한 유행족(Trend tribe)이다. 스타로 떠오른 연예인을 쫓아다니는 유행족과 다를 바 없다. 진짜 투자자는 휘둘리지 않고 차분히 안정되게 하한가 · 상한가의 움직임에 소폭의 여러 번의 이익을 노리는 매매를 하여야 한다.

⑫ 주식투자에서는 여자가 된다.

주식투자에서 버는 데에는 남성적으로 행동하기보다는 오히려 여성적으로 행동하는 편이 좋다. 상대를 자기 생각대로 움직이고자 하는 것이나, 적극성 · 단념 등은 해로운 것이다. 여성처럼 상대에게 자신을 맞추도록, 소극성 · 방어 · 기다림의 자세가 중요하다.

⑬ 기다림은 공격적인 자세

자기의 성을 지키고 주가의 움직임이 자신이 생각한 곳에 다가오는 것을 기다린다. 그것은 얼핏 보기에 대단히 겁이 많고 소극적인 전법으로 보여 한심하게 생각된다. 그러나 기다리는 것은 심리적으로 큰 에너지가 필요한 정신적인 싸움으로 공격적인 자세이다.

⑭ 알 수 없다는 것을 알면 이긴다.

자기 인생의 운명은 알 수 없듯이 시세의 장래도 알 수 없다. 모르기 때문에 살아간다, 주식투자에서도 벌어 간다. 앞날은 알 수 없다는 것을 아는 것이 주식은 알았다고 하는 것이 된다.

⑮ 작은 실패가 큰 손해가 된다.

바둑에서도 전쟁에서도 주식에서도, 약간의 잘못된 수를 두어 실패할 수가 있다. 그 실패가 때에 따라서는 모든 전국을 패배로 이끌 정도의 큰 손해를 낸다. 무심코 이상한 수(대량의 충동구매 등)를 두지 않도록 해 둔다.

⑯ 불운은 언제라도 온다.

주식투자의 여신은 변덕스럽다. 때로는 행운을 가져다주지만 믿을 수 없다. 불운은 언제 어디서라도 갑자기 닥쳐온다. 잘 되어도 너무 그 결과를 믿지 말고, 불운에 휘말리지 않도록 해 둔다.

⑰ 실패가 적은 쪽이 이긴다.

투자자도 정부도 가속기를 밟을 때 브레이크를 밟는(매수시기에 파는) 경우가 종종 있다. 어느 시대라도 매매도 정책도 신이 아닌 인간이 하는 일 결과적으로는 실수투성이가 된다. 그러므로 주식투자나 전쟁은 실패의 연속으로 서로 실패가 적은 쪽이 최후에는 승리하게 된다.

⑱ 분수에 맞는 전과를 노린다.

싸움은 무력의 대소가 도움 된다. 자금이 많이 사람이 큰 전과를 얻는다. 약하거나 작은 세력은 게릴라전으로 갈 수밖에 방법이 없다. 게릴라전이란, 한 번의 싸움마다 무리하지 않고 분수에 맞는 작은 전과를 노리는 것이다.

⑲ 필승보다도 불패를 지향한다.

이길 기회는 자신이 만드는 것이 아니라 적(시세)이 만들어 준다. 투자자인 자신이 할 수 있는 것은 지지 않도록 하는 것이다. 버는 것보다 손해를 입지 않도록 주식을 사고 누군가(신)가 오르게 해 주는 것을 기다린다.

원칙❻ 필승보다는 불패를 지향한다.

♣ 저자 소개

지은이 | 와카이 타케시

일본 도쿄대학 경제학부를 졸업하고 소니사의 외국부 주재원을 거쳐 증권사에서 애널리스트와 투자상담사로 활동하고 있다. 현재 일본에서 실전 주식매매 방법. 매도 시점 포착법, 현물 연계매매 방법, 매매전략표 작성법 등의 실전 주식투자 등을 강의하고 있다.

저서로는 「주식투자 이렇게 하면 벌 수 있다」 「주식투자 손실은 주식투자로 되찾아라.」 등이 있다.

옮긴이 | 코페리더스클럽

코페리더스클럽은 개인과 기업, 단체의 비전과 전략, 성공을 지원하는 분야별 전문가들로 구성되어 《경제경영, 인사노무, 세무회계, 경영법무, 재무관리, 외환금융, 손해보험, 무역실무, 수출입 통관, 관세환급, 기술인증, 제조생산, 물류운송, 부동산투자, 주식투자 등》에 관한 컨설팅·강의·번역 등을 수행하는 KOFE 코페하우스(한국재정경제연구소)의 전문가 그룹이다.

주가는 등락해도
확실하게 버는 주식매도방법

발행   2011년 9월 10일 재개정판 발행
         2024년 3월 11일 재개정 2판 발행

저자   와카이 타케시
역자   코페리더스클럽

발행인   강석원
발행처   코페하우스(한국재정경제연구소)
출판등록 제2-584호(1988.6.1)

주소   서울특별시 강남구 테헤란로 406, A-1303호
전화   (02) 562-4355
팩스   (02) 552-2210
메일   kofe@kofe.kr
홈페이지 www.kofe..kr

ISBN   978-89-93835-86-1 (13320)

책값은 뒤표지에 있습니다.

*「코페하우스」는 한국재정경제연구소 출판브랜드입니다.
(이 책은 저작권법에 따라 보호받는 저작물로 무단 전재와 복제 등을 금지합니다.)